U0028036

suncolor

suncolor

得獎紀錄片 *HEAL* 精華收錄

超癒力

Discover Your Unlimited Potential and Awaken the Powerful Healer Within

世界頂尖身心靈研究大師們證實
你擁有無限自癒潛能

作者/ 凱莉‧諾南‧戈爾 Kelly Noonan Gores

譯者/ 鄧捷文

suncolor
三采文化

謹將本書獻給所有走在療癒之路上的讀者，

願它幫助你喚醒強大的自癒力，

支持你回到充滿活力的健康人生。

本書讚譽

《超癒力》是你健康旅程上一本不可錯過的好書。它提供一個突破性的視角，讓我們了解並意識到自己與生俱來的療癒能力，並利用它來改善健康。

——瑪麗亞·曼努諾斯（Maria Menounos）
名節目主持人、AfterBuzz 電視網執行長

《超癒力》將會打開你的心與大腦，幫你重新打造你的感知，這是療癒的一個基本步驟，通常也是唯一的步驟。這本書應該列入醫學院學生、執業醫師及患者人手一本的必讀書目。

——亞力山卓·楊格（Alejandro Junger），醫師
《紐約時報》暢銷書《超簡單淨化排毒法》（Clean）作者

在這本精彩的著作中，作者凱莉·諾南·戈爾提醒我們，身體天生就有療癒力。專家們的精闢見解及病人的勵志故事，都清楚展現了人類意識的療癒力量，以及要如何與身體天生的自癒力結合。凱莉鼓勵我們把症狀看成是來自身

體的回饋，一種能激勵我們做出健康選擇及改變行為的交流。《超癒力》提醒我們，心智及心靈的不凡力量可以療癒我們的身體，以及如何運用這些知識來釋放壓力及擁抱生命力。如果你一直在尋找讓幸福感提升到一個全新水準的靈感，那麼就是這本書了！

——道森・丘吉（Dawson Church）
《科學證實你想的會成真》（*Mind to Matter*）作者

《超癒力》為療癒之旅提供更多希望，值得尚未開發療癒潛能的你深入去探索。它將喚醒你內在的自癒力，而你會知道，這就是你一直在尋找的解藥。

——哈比卜・薩迪吉（Habib Sadeghi）
醫師、未來學家
《療身淨心的身心健康術》（*Clarity Cleanse*）作者

《超癒力》是教我們如何走到全面健康的地圖，善用我們身體天生的智慧，提供具有科學底蘊的解決方案。再次重申：我們的疾病在這裡都可以找到解答。

——丹妮兒・拉波特（Danielle LaPorte），靈性導師
《心靈真相》（*White Hot Truth: Clarity for Keeping It Real on Your Spiritual Path - from One Seeker to Another*）作者

所有探索者一直都在尋找像這樣的一本書。凱莉對人類的貢獻，讓我們能在那些有天賦者的幫助下，從情緒、精神及身體上改變我們的生活。帶著這本書跟你到任何地方，在生活中感受到真正的療癒。

——潔美—琳・辛格勒（Jamie-Lynn Sigler），演員

身為一名專業陪產師，我理解身心連結的力量和重要性。《超癒力》傳達的是一份精心策畫且鼓舞人心的有用資訊，我推薦給所有的客戶把這本書納入生產前的準備作業，好好讀一讀。

——洛莉・布雷曼（Lori Bregman），專業陪產師
《正念媽媽》（*Mamaste and The Mindful Mom to Be*）作者

一直以來，我都是健康及有機生活的熱情擁護者。一個全方位的治療方案非常重要，因為它涵蓋了精神、情緒、心靈及身體等多種因素。想要過健康生活的任何人，都可從這本書獲得有幫助的深刻見解。

——米蘭達・可兒（Miranda Kerr），超級名模
蔻拉有機公司（Kora Organics）創辦人及執行長

目次 / CONTENTS

了解自己，
就是賦予自己力量

我們正活在一個無比美妙的時刻。千禧年後，資訊普及的程度已經達到人類歷史上的顛峰。我們生活在一個美麗的新世界，在這個偉大的資訊時代，無知成了一種選擇。

隨著科技的發展，我們每天都能透過各種方式獲得呈幾何級數成長的力量。唾手可得的資訊，讓我們有能力做出新的、不一樣的、更好的選擇，不再需要透過老師或正規教育來取得以往掌握在權威、專家及審核者手中的資訊。也因此，世界各地的人比以往更願意主動研究自己的診斷報告，並在相應的生活方式做出必要的改變。現今有數百萬的人正在尋求替代療法來改善健康，不再盲目地使用藥物或任憑西醫處置，而且顯然有相當不錯的效果。還有一些人，他們不是透過祭司、牧師或猶太拉比的協助，而是親自以更積極的方式，主動花很多時間去鑽研古老的

宗教、神學及現實的本質。透過這些探索，他們獲得深刻又神祕的體驗，足以為往後的人生帶來正向的改變。

　　資訊的取得、新知識的理解，讓你更認識自己及周遭的世界，也讓你超越以往的世俗眼光來看待現實。對於某些「事物」的新覺知創造出一個新的意識層次，而一旦意識發生改變，能量也會隨之出現變化。這樣的結果，正是知識能夠賦予力量、讓人覺醒的證明。深究其原因，即知識就是力量，一直都是，而且永遠都是。

　　因此，當你了解自己時，就是在賦予自己力量。從某種意義來說，你不再認為自己是個無助的受害者，現在的你有能力也有權力去改變生命，這樣的認知，能夠讓你重拾力量。知識，讓你停止無意識地把力量交託出去，或者依賴他人或外界事物。這就是為什麼我會說資訊時代是新意識時代的開路先鋒。

　　從神經科學的觀點來看，學習是在創造新的突觸連結。每次當你學習新的事物，大腦就會撮合數以千計的新迴路，而你的大腦灰質會精確地反映出來。最新的大腦科學研究顯示，當你全神貫注在某個觀念或想法上一個小時，大腦的突觸連結數量會倍增。這些意識的新足跡從生

理層面證明，你是透過與環境的互動來學習。然而，該研究也顯示，假如你把學到的東西放任不管，或是沒有花時間一遍遍地溫習這些新資訊，那麼這些迴路會在幾小時或幾天內被修剪。如果說學習是在創造新的突觸連結，那麼，記憶就是在維繫這些新連結。

　　只要花一點點的注意力及時間復習，知識性的資訊就能在你的身心刻下印記，這就是知識能夠改變你的原因。我們看到的不是事物本來的樣子，而是我們是什麼樣的人，眼中見到的就是什麼樣的世界。當你透過不同的鏡頭去重新感知這個世界，就能看見新的可能性，而這些可能性是你在與新資訊互動之前未曾察覺到的。因為大腦只會依循它設定好的迴路去「看見」，這也意味著，你只能看到你所知道的東西。

　　人們可以盡其所能地利用所知道的資訊，但對於不知道的資訊，就跟它們不存在一樣。我們也可以這樣說，我思故我在，凡是你意識到的東西，必然會存在。然而，以這種方式獲取的知識卻缺乏實際的經驗，正所謂「坐而論道，不如起而行」，一旦你看見了新的可能性，就是利用知識去採取行動的好時機。

　　總之，你越是了解自己在做什麼以及為什麼要做，就越容易上手。正因如此，在這個時代光是知道還不夠，你還必須了解為什麼，以及如何去做。

　　身為真理、知識、智慧及資訊的探索者，你的下一個任務就是應用、內化，或是親身體現你所學到的理論。這意味著你能做出有別以往的新選擇，而你的身體也會參與其中。一旦你能根據意圖來校準行為，讓行動與想法一致，你將會獲得新的體驗。

　　每個經驗都會豐富大腦中的突觸連結。當你擁抱一項新奇的體驗時，這個新事件會在你的大腦中增加知識迴路。這些迴路會進一步組織成新的神經網絡，然後大腦便會產生相對應的化學物質，讓我們感到更有活力、更健康、更圓滿或更快樂，也就是你的身體正在從生化層面去理解心智所學到的資訊。如今新資訊正逐漸進入你的身體，不只流入你的心，也改變了你的存在狀態。事實上，你是在調整身體來適應新的心智。就在這一刻，你的心智與身體都會跟新資訊接軌。

　　我們可以這麼說，心智攝取知識，而身體攝取經驗，這是我們體現學理的不二法門。如此一來，你將改寫自己

的生理程式，並以新方式向新基因發出訊號，這是因為環境已經開始傳送新訊息了。正如表觀遺傳學告訴我們的，環境會發送訊號給基因，不管某個體驗帶給你的最終產物是情緒或壓力，都會對基因造成影響。所有基因都能製造蛋白質，而蛋白質又是細胞、組織及生理機能的必要成分（蛋白質的表現，會左右生命的表現），於是你扭轉了自己在遺傳學上的命運，這也意味著你的身體很有可能在瞬間痊癒。

如果你能創造一次體驗，應該就能夠再創造出二次、三次或多次相同的體驗。當你持續做出相同的選擇並不斷複製同樣的體驗，最終就能從神經化學層面去調節你的身體與心智，讓身心一起協同運作。熟能生巧之後，你的心智與身體就可以毫不費力地自動運作。換句話說，它現在成了你的一項技能、習慣或生活方式。一旦達到了這種程度，就不再需要有意識地去想著要如何完成這項任務。此時的你真正改變了自己的存在狀態，因為該資訊已經被你內化了。你將開始精通此一理念，並與之合而為一，你就是知識，知識就是你。

你不斷努力的結果，不僅會改變你是誰，還會為你的

生命創造更多可能性,這些是你付出心力後所得到的回應。不然,你有什麼理由要這麼做?而我所說的可能性是指什麼?我指的是,從身心疾病或失衡中走出來,獲得療癒,也包括做任何選擇時,不再無意識地受到舊日創傷的擺布,從而為自己開創更美好的人生。當你抹除那些陳舊的選擇模式、行為及體驗,生活在新抉擇、新行為與新體驗中,便可能迎來新的工作、新的人際關係、新的契機,以及新的人生冒險。

本書與紀錄片《治癒》(*HEAL*)都是一種新形態的新聞紀實,其中的內容不只是由一群科學家、研究人員或醫師教導你該如何改善健康,而是有一些跟你一樣的人,他們為了改善自己的健康,嘗試了各種可能有效的不同療法,《超癒力》就是這樣一本忠實、中肯的療癒研究。這些真實案例所發生的轉變,沒有好萊塢電影那麼驚心動魄、高潮迭起。相反的,走在康復之路的這些人,只是跟你我一樣的普通人,他們記錄著身體的進展,深入地自我檢視,從而不斷改變自己的想法、感受及行為。這些記載都是真實可信的。

當凱莉・諾南・戈爾邀請我參與《治癒》的拍片工作

時，我很開心地得知有人也在努力地找出治療慢性病的不同解方。她的調查研究提供了實證，這讓我感到很寬慰，畢竟證據才是最強而有力的聲音，也讓我們的理論有了用武之地。

總要有人將這些故事公諸於世，我很高興有凱莉這樣真心實意、心胸開放的人將重擔一肩扛起。這些真實案例告訴我們，心靈確實有可能治癒身體。事實上，我跟研究團隊進行過多次實驗，顯示大多數的療癒都是從心開始。如今我們知道，心智無時無刻不在影響著你的身體，而身體也無時無刻不在左右著你的心智。這意味著，只要心改變了，身體必然隨著改變；反之亦然。好好想想，在開始療癒之旅前，首先你必須對自己的所思所想保持覺知，然後才能具體地扭轉你的心念及感受。

壓力荷爾蒙的長期影響可能會按下基因開關，誘發出疾病。當大腦與身體失去恆定狀態就會產生壓力，然後壓力反應會迫使身體重新恢復平衡。生活在壓力下，等於持續處於一個攸關存亡的緊急狀態中，長時間下來，會消耗身體天然的療癒資源。所有自然界的生物都能夠承受短期壓力，不會造成身體的傷害，但如果壓力一直沒有消退，

無法關閉壓力反應時，就會一天天地離疾病越來越近。簡單來說，如果我們為了應付外在世界的威脅（不管是真正的威脅或想像的）而把身體所有的重要能量都用光，我們的內在世界就沒有多餘的能量可用於成長及修復。

前腦與大腦新皮質的尺寸，讓人類可以比其他生物產生更真實的想法。這意味著，我們只需想一想要面對的問題，或是對前景做最悲觀的預測，就能驅動壓力反應。此一事實值得我們好好思量。你的想法，能夠讓你真的生病，這是身心連結的一個鐵證。這就引出以下的問題：倘若想法能讓你生病，那麼想法是否也能讓你變健康？

你將會在本書看到，答案是肯定的。

根據我三十多年處理慢性病的經驗，如果能把導致身體失衡的三種（身體、化學及情緒）不同壓力找出來，就表示可以分別透過這三種管道來促進體內回復平衡。比如說，瑜伽、針灸、運動、整脊及按摩，可以紓緩身體壓力，進而創造體內平衡。選擇更理想的食物、減少熱量攝取、補充維生素，以及合理使用香草或藥物，諸多方法相互搭配，可以改善體內的化學平衡。沉澱心靈、更清楚覺知到自己的想法與感受，可以促進情緒平衡。而冥想、能

量心理學、眼動身心重建法（Eye Movement Desensitization and Reprocessing, EMDR）、情緒釋放技巧（EFT）或心理治療，則能恢復神經及情緒的平衡。

　　我的理解是，如果你能重新校正這三大系統的其中之二，使它們重新恢復平衡，剩下的第三種系統也會隨之恢復平衡。舉例來說，假如某個人的身體與化學系統趨近平衡後，情緒系統也會緊追其後恢復平衡。假如某個人的化學與情緒平衡日漸改善，身體也有極大的機會重拾平衡狀態。同樣的，如果某個人的身體及情緒系統重拾平衡，那麼他體內的化學平衡也會跟著改善。

　　這就是本書的重點，它能指導你達到身心靈的平衡並重拾健康。你會了解到，西醫是處理急症的最好資源，假如你的手臂骨折或得了盲腸炎，第一選擇當然是常規的醫療體系。然而，如果你有慢性健康問題，想要完全康復的話，就需要改變生活方式。藥物只能緩解你的健康問題，根本算不上治療。為了能真正痊癒，你必須改變你的想法、行為及感受方式。想法、行為及感受是建構性格的三大支柱，而性格會創造出個人實相。改變性格，就能改變自己的實相。

　　過去二十年，我研究過數千個案例，發現想要得到療癒，從某種意義來說，就跟重新做人差不多，也就是說，你要把自己變成另一個全新的你。

　　我跟凱莉都相信，疾病會傳播，健康也會傳播。解開療癒之謎並非易事，更不用說要以大眾都能理解的方式來表達。如今凱莉將可能性擺在你眼前，她確實做得很出色。

　　敞開心來閱讀這本精彩好書，並且每天花點時間來實踐。畢竟，寫這本書的目的，就是為了改變你的人生。

　　感謝你，凱莉。

　　　　　　　　——喬・迪斯本札（Joe Dispenza）醫師
　　　　　　　　　《紐約時報》暢銷書作者
　　　　　　　　代表作品有《啟動你的內在療癒力》
　　　　　　　《開啟你的驚人天賦》、《未來預演》等

站在巨人的肩膀上，
為生命謳歌

　　大約十年前，我開始有了拍一部紀錄片的念頭，探討我們的身體所具備的療癒力，以及心靈對於健康與人生的重大影響。自從我讀了布魯斯・立普頓（Bruce Lipton）的著作《信念的力量》（*The Biology of Belief*）後，心裡就埋下了拍部紀錄片的種子。我還記得當時心裡是這麼想的：「我們不是遺傳基因的受害者，每個人都必須了解這點！」麥可・貝克維（Michael B. Beckwith）博士在愛德國際心靈中心（Agape International Spiritual Center）提供的服務，則是照亮這顆種子的第一道光。他的教導不僅肯定了想法與信念的力量會影響我們的體驗及身體健康，也激勵了我順從心之所向，將製作紀錄片的夙願付諸行動。他告訴我，當你受到願景所牽引，表示你已經與靈魂目標同一步調了。

　　我開始注意到，在討論人類心智與療癒潛能的關聯時，我有多麼投入及熱中，也因此促使我專注在這個主題，不斷閱讀、學習及探索。直到大約三年前，我讀了艾妮塔・穆札尼（Anita Moorjani）的《死過一次才學會愛》（*Dying to Be Me*）一書後，終於為這部紀錄片補上臨門一腳。讀完她不可思議的親身經歷後，我的靈感如潮水般湧現，也讓我更堅信這件事非做不可。如果艾妮塔的身體可以從瀕死危境中重生，那麼其他人一定也做得到！換句話說，神聖時刻已然到來，我終於準備好要踏上未知的旅程，打算邀請我在相關領域所敬重的幾個導師一起拍攝紀錄片。

　　事實證明，貝克維博士的布道沒讓我失望。當我依循他的指引去聆聽自己內心的那一刻，宇宙就跟我接上了線，冥冥之中協助我完成了所有一切。我想，我會把整個拍攝過程描述為一種持續流動的狀態，過程中難免有挑戰及難關，並非一帆風順，但我確實能感受到有一股超脫的能量作為我的堅強後盾。這股能量讓我臣服，並相信這部紀錄片必須完成，而我的角色只是一個信使。

　　影片甫上映就廣受好評，帶來的正面迴響讓我意識

到，這部片子確實引起了大眾的共鳴，於是敦促我趁勢推出紙本書以便進一步推廣。我一直很喜愛寫作，也熱愛閱讀，心靈勵志類的書籍更推動了我的療癒工作，所以出書也是順理成章的事。紙本書的好處是攜帶方便、隨時隨地都能讀，而且想重溫專家們強而有力的教導時就可隨手翻閱；此外，這本書的內容也比《治癒》影片更為詳細，更有深度。

很多人問我，我之所以要拍攝《治癒》這部片子，是否身邊有人因為致命疾病而辭世，或是因為自己有嚴重的健康問題？我很幸運，這兩個問題的答案都是否定的。不過，我本身有過幾次不大不小（不算太嚴重）的生病經驗，確實是我最初對古老及自然療法感興趣的原因。

其中一次是發生在我上中學時。十六歲那年，我露營回家後大病了一場，症狀就像得了流感一樣，整整一個星期才康復，但脖子上的淋巴結持續腫了好幾個月。醫生檢查了我是否感染單核白血球增多症及 EB 病毒，兩項檢驗

結果都是陰性。他開了抗生素給我，試著解決殘餘的感染問題，但是毫無效果。十個月後，我的脖子上仍然凸著一顆高爾夫球大小的淋巴結（對愛美的中學女生來說，簡直是災難），於是醫生決定做淋巴結切片：麻醉後，在我的脖子左側開了一英寸長的一個切口。切片檢查的結果是一切正常，屬於良性組織。

又過了幾個星期，放學後母親跟我一起去預約好的整脊指壓診所。治療師幫我的淋巴腺觸診後，建議我每天飲用一至兩盎司（三十至六十毫升）的水果醋，連續喝一星期。母親幫我找了一款很好喝的藍莓醋，而我也確實遵從治療師的指示喝了一週。神奇的是，我的淋巴腺真的在第八天恢復到了正常的健康大小。我前前後後看過好幾個醫生、做過一次切片，還做了三次的抗生素療程，最後卻發現我的解藥居然是健康食品店裡的一瓶水果醋。這次經驗讓我明白，常規醫療未必是最理想的治療選擇。此後，我開始對天然的替代療法產生不同以往的信任與熱愛。

對於身體如何運作，以及非常規療法如何成功治癒病痛，我越來越好奇。在一路走來的過程中，我注意到科學與靈性領域有許多重合之處，而像針灸、能量醫學、藥草

及冥想等治療方式即便傳承了數千年，至今卻仍然未能獲得常規醫學的認同，這點也令我深感不解。正是這樣的好奇心及求知欲，帶著我一步步去探索古老及新崛起的一些前瞻性療法。

我不是醫生，也不是科學家，我只是一個懂得從人生經驗中擷取智慧的專家。過去二十年，我曾向無數的治療師、替代療法專家請益，希望能解開通往健康與幸福人生的祕密。為了更了解健康飲食，我在紐約的整合營養學院（Institute for Integrative Nutrition）研讀整體營養學。此外，我也研究過心理學、靈性、量子物理學、能量、古老智慧以及各種形式的療法。儘管我堅信飲食與生活方式是保持健康的必要因素，但我也逐漸意識到，心智以及我們所抱持的想法與信念，對於身體有直接又強大的影響。

我非常相信，我們天生的療癒力遠超過我們的想像。我並不是無的放矢，事實上，這是我訪談過身心醫學領域的許多頂尖科學家、醫生及導師後，所獲得的結論，其中包括狄帕克‧喬布拉（Deepak Chopra）博士、生物學家布魯斯‧立普頓（Bruce Lipton）、心靈導師瑪莉安‧威廉森（Marianne Williamson）、麥可‧貝克維（Michael B.

Beckwith）及凱莉・透納（Kelly Turner）博士等人。

　　《超癒力》書中的內容不僅是對這些傑出人才的訪談所得，同時也援引了我這一路上所親眼見證的不可思議的真實療癒案例。藉由這些康復者激勵人心的親身故事，我們將深入探討哪些治療手段有效，哪些是徒勞無功，並進一步解析背後的原因。我強烈覺得，他人的成功故事能夠鼓舞並強化我們對自己擁有無限潛能的信心。療癒是極度複雜又因人而異的現象，背後可能有各種各樣的原因，甚至還可能出現自發性的療癒。

　　我寫這本書的目的，是要打開覺知的開關、闡明慢性病流行的真正根源，以及自然療癒是有可能發生的。最新的科學研究顯示，遺傳基因不是不可扭轉的，我們不應該認命地對嚇人的預後評估照單全收。事實上，比起一直以來被灌輸的信念，我們有更多的能力可以掌握自己的健康與人生。這本書將為你帶來全新的理解，一窺人體的奧祕以及非凡的療癒潛力。

　　讓我們開始吧！

健康管理，做身體的主人

「真正能療癒疾病的，是人體本身的自癒力。」

——希波克拉底（Hippocrates）

　　面對健康問題，有太多人感到無能為力。現代社會不斷灌輸我們，我們是基因的受害者，任由隨機（或已經注定）的命運擺布，唯一能拯救我們的，就是穿著白袍、戴著聽診器、拿著手術刀並在處方箋上寫下奇蹟的醫生。但是對日漸普遍的慢性病而言，藥物和外科手術真的是最佳療法嗎？

　　有近半數的美國人都患有慢性疾病[1]，事實證明，這個問題的答案顯然比簡單的開藥或動手術要複雜得多。慢性病的定義是一種持續性、反覆性或長期存在的非健康狀態或症狀，是隨著時間慢慢形成的疾病。當病程持續超過三個月，而且與「急性」（突然發作且通常更嚴重）病徵有所區隔時，通常就會被冠上「慢性」一詞。區分疾病的急性與慢性相當重要，因為你將在這本書中了解到，人類

健康不斷走下坡以及醫療系統失靈的一個主要問題，就在於我們把急性醫療手段用在治療慢性疾病，並且無法直搗病灶以展現持久的治療效果。

過去一百年來，科學與科技以前所未有的速度發展，但我們卻比以往任何時候更脆弱、更沮喪。癌症這種慢性病如今已經極為普遍，而且還像四十年前一樣，令人聞之色變。焦慮與憂鬱症如同感冒一樣常見，而自體免疫疾病也像夏天的汗疹一樣蔓延開來。

這是怎麼回事？如今我們身處的世界居然變得這麼毒，讓我們逃不過病魔的威脅了嗎？雖然加工食品與家庭日用品的化學物質確實可能引發疾病，但這本《超癒力》不是又一本探討飲食、營養及環保生活的書，而是把焦點放在如何建立身心靈的深入連結，以及我們的想法、信念與情緒對身體健康所帶來的巨大影響。

「在你知道更多之前，盡你所能。在你知道更多之後，你會做得更好。」

——瑪雅·安吉羅（Maya Angelou）

壓力對身體的影響

何謂健康？韋氏辭典關於「健康」的定義如下：

身體、心理或心靈健全的狀態，特指：沒有身體
疾病或疼痛；某人或某物生命力強盛或運行良好
的狀態；幸福感。

如果健康指的是沒有身體「疾病」——將「disease」
（疾病）解釋為「dis-ease」（不舒適），那我們可以說
健康其實就是一種「舒適」狀態。

我們還可以假設，在自然狀態下，我們理當有良好的
健康、蓬勃的生命力，像野花一樣不需要特別去「做」什
麼就能繁盛地自開自放。然後，當我們生病時，就應該捫
心自問，是什麼讓我們失去了平衡，脫離生機勃勃的自然
狀態。根據專家表示，罪魁禍首就是壓力。

· ·

關於壓力的可怕事實

我已經執業三十五年了，看過許許多多的患者。我親眼見過很多瘋狂的事，而每過一週，我都更加堅信疾病的最終原因就是壓力。

——傑佛瑞·湯普遜（Jeffrey Thompson）醫師

九成的求診患者都是因為壓力而生病，但是他們離開時，拿的卻是抗憂鬱藥物或形形色色的各種藥品。

——瓊恩·波利森科（Joan Borysenko）博士

我們的壓力基本上分為三種。我們有身體層面的壓力，例如意外、受傷、摔倒或創傷。我們有化學層面的壓力，例如細菌、病毒、食物中的荷爾蒙、重金屬、宿醉及血糖濃度。我們還有情緒層面的壓力，例如家庭悲劇、失業、工作或財務問題。這些壓力，都會讓我們的大腦與身體失去平衡。

——喬·迪斯本札（Joe Dispenza）醫師

在這個資訊時代，我們不斷承受各種壞消息的衝擊，一直處在「與他人較量」的壓力之下，跟宇宙的自然節律及週期的連結也在日漸減弱。這些因素導致了巨大的情緒壓力。《時代》（*Time*）雜誌二〇一六年的一篇文章指出，出生於九一一事件後的世代是「在經濟與國家的不安全感之中成長。到了他們這一代，恐怖主義與校園槍擊事件頻傳；在成長過程中，他們一路看著父母承受著嚴重的經濟衰退，而在他們步入青春期後，科技與社群媒體正在改變社會。」[2]

社群媒體及日益增強的競爭文化帶來了巨大的壓力，使得青少年的憂鬱與焦慮不斷攀升。社會、政治與環境因素，似乎與青少年的抑鬱問題日益嚴重——從二〇〇五年至二〇一四年增加了三七％[3]——脫不了關係。比起一九八〇年代，今天的中學生更容易產生焦慮症狀，看心理醫生的人數是以往的兩倍[4]。這種情形，對生產抗憂鬱及過動症藥物的藥商而言，當然是利多，但對我們正處於身心發展階段的孩子來說，問題就大了。

　　不僅情緒壓力因子變多，現代社會的化學壓力因子也在同步增加。在食品產業邁向大量生產及講求便利的潮流下，我們會：

- 在食物中看見更多的廉價化學替代品與防腐劑；
- 吃下非當季及非在地生產的食物，而且大都是在其他國家採收並進口至銷售地後，於兩週內用氣體快速催熟；
- 攝取基因改造食品以及加工製成的肉類產品，後者來自餵養非天然飲食、荷爾蒙及抗生素的動物。這些食品對人體都會帶來有害影響。

　　美國非營利組織「食物安全中心」（Center for Food Safety）指出：「據估計，美國超市貨架上高達七五％的加工食品，從汽水到湯品，從餅乾到調味料，林林總總的東西中都含有基因改造的原料。」[5] 這些類食物與化學物質，使身體承受著額外的負擔。我們的消化系統因而混亂、生病，我們的免疫系統無法及時發揮排毒、修復及再生的功能。

再者，除了食物之外，許多清潔及美妝用品中的有害化學物質，也會干擾我們的荷爾蒙，給身體帶來巨大的毒素負擔。一旦我們逐漸遠離天然食材及真正的食物，就會跟自然的健康狀態漸行漸遠。

當我們的免疫系統受到情緒及化學壓力的雙重衝擊而不堪負荷時，便很容易受到細菌、病毒與環境中其他病原體的侵襲。顯而易見的，塑料包裝的便利生活方式，是一把兩面刃。那麼，我們如何才能善用科學與科技帶來的優點，同時又能保護自己不受到時代進步的副作用所傷害呢？答案，就在我們之內。

現代壓力面面觀

當你察覺到威脅時……過去的我們會啟動腎上腺系統，不是戰就是逃。如果你正在被劍齒虎追趕，你需要多少精力來擺脫遭到被獵殺的命運？我希望你的答案是正確的！答案：我會用百分之百的精力來逃離。

——布魯斯·立普頓（Bruce Lipton）博士

在人類數千年的歷史中，戰或逃是非常恰當的機制，因為那些時候面對的是野生動物對人類的生命威脅。但現在的你，面對的是你的另一半、老闆或這星期要繳房租的壓力，而戰或逃的機制還是以同樣的方式做出反應，就像這些問題會嚴重到跟你的生死有關一樣。所以你的體內仍然會釋出皮質醇、腎上腺素及去甲腎上腺素。

——彼得·克隆（Peter Crone）

如果你一直處於戰或逃的狀態下，根據定義，你就是在調動內臟、排泄系統、免疫系統及大腦中樞的資源，把能量送進肌肉中，為你的生命搏鬥。這意味著，你的記憶力會衰退、注意力會下降、不能充分消化食物，也不能正確排除毒素。長期下來，你的免疫系統會逐漸弱化。

——傑佛瑞·湯普遜醫師

身體的壓力反應是為了衝刺而設計，在戰或逃時用來拯救你的生命，但這些年來，我們卻像在跑長期壓力馬拉松一樣。如果我們不給自己機會重新回到休息及修復狀態，就會危及身體健康。找到控管日常壓力的方法，無論是運動、靜心、戶外散步或單純關掉科技產品，都能幫你感到平靜與集中，並讓你的身體重新充電、修復，回到舒適、放鬆的狀態。

你每天都在跑壓力馬拉松嗎？你是否給自己時間休息及修復？你每天能透過哪種方式來管理壓力？

我從小就對身體的療癒能力感到驚奇不已。膝蓋擦傷時，母親會先幫我清潔傷口，親吻傷口後，就放著讓它自己痊癒。幾天後，我的膝蓋就跟沒事一樣，原先的擦傷頂多只留下一點點痕跡，或甚至完全看不出來，非常神奇。然而，如今的我們已然忽略了身體與生俱來、不可思議的療癒能力，因為社會總是灌輸我們一個觀念：只有醫生才

能拯救我們，或給我們一些外部措施來回復健康。

　　在我小時候看過的電視節目或電影中，只要有人生病，都有一位穿著白袍的男人上門，他的手上提著黑色小皮包，裡頭裝滿了各種救命藥品。如今，我們見到的則是在急診室時常上演的救命戲碼。所有這些形象都在灌輸我們，生病或受傷時，我們必須仰賴外物或外人的幫助，才能夠痊癒。但事實上，醫生能夠將骨折部位固定，而骨骼的再生與痊癒，靠的卻是天生就蘊藏在每個細胞 DNA 中的智慧。慈愛的父母或許能夠為擦傷的傷口消毒，但組織的重建、再生及痊癒，免疫系統與生俱來的智慧與機能才是大功臣。

　　問題在於，同樣的療癒能力是否也適用於複雜的慢性病，比如癌症、自體免疫疾病，以及憂鬱症或阿茲海默症等心理健康問題呢？這個大哉問，正是促使我研究療癒現象，並尋求專家解答的主要原因。我們天生的療癒能力，究竟能發揮到何種程度呢？

找回人體天生的智慧

卵子與精子細胞在結合後，開始分裂與協作，分別發展成大腦、骨骼、眼球、手指、腳趾、心臟及肝臟。有一種天生的智慧讓細胞從胚胎發育成嬰兒；讓橡實長成橡樹；讓行星環繞著太陽運轉。這種天生的智慧同樣也在你的身體內持續運作，比如此時此刻，你的肺臟正在呼吸，你的心臟正在跳動。

——瑪莉安・威廉森（Marianne Williamson）

賦予我們生命、讓心臟保持跳動、讓我們消化食物並流經自律神經系統的智慧，是全世界最偉大的治療者。我們所要做的，就是讓開、不要干擾它。

——喬・迪斯本札醫師

隨著社會進步，我們正在不斷遠離大自然及自然的節律、機能與秩序。我們需要找到恰當的平衡，將古老的智

慧與自然醫學結合在一起，同時善用科學所能提供的最好、最無害的先進技術。大自然只要不受到人為或人造事物的干擾，就能將本身極其繁複的完美顯露無遺。大自然能維持自身的平衡，以及自我調節、再生與淨化。人體也一樣。我們的身體天生就能自我調節與療癒，遺憾的是，電子與化學的相關科技，還有恐懼的意識（信心不足、貪婪及分離的幻覺）都會阻礙身體的自然運作。此刻我們應該融合新的科學與古老的智慧，重新建立在自然界中隨處可見的和諧與平衡。

「人類的主要錯覺，就是認為除了自己的意識之外，還有其他原因。」

——內維爾・戈達德（Neville Goddard）

你就是自己的療癒大師

當代最佳的科學顯示，在適當的環境下，人體的每個器官都有自我療癒的能力。即便是以往我們公認無法

自癒的部位，例如脊髓組織、腦組織、心臟組織、胰
腺組織及攝護腺組織也不例外。事實上，只要有適當
的條件與環境，這些器官都能自我修復與療癒。何謂
適當的條件？這就是問題所在。有些條件跟環境有
關，例如水、空氣及食物品質；有些條件跟化學作用
有關，例如我們所服用的營養補充品，以及在現代醫
學問世之前，我們的老祖先就已經發現並且成功用於
治療身體的藥草。我覺得這些因素很有意思，但真正
吸引我的是內在環境。當佛陀說無論男女都是自己療
癒與命運的推手時，這正是他要向我們宣說的環境。

——桂格・布萊登（Gregg Braden）

　　身心連結正是桂格・布萊登所說的「內在環境」，或
許是身體健康最重要的因素之一。我們的外在環境以及生
活形態的選擇——所吃的食物、喝的水、呼吸的空氣——
全都在整體健康上占有重要的一席之地。但如果說到療
癒，最重要的因素或許是我們內在的想法與情緒。

「你的身體僅僅是你對世界觀點的生動表達。」

——卡爾·弗雷德里克（Carl Frederick）

現代醫學已經開始納入能證實心理會影響身體的新科學。在這本書中，我們將會發現想法、信念與情緒如何影響我們的健康，而且其影響力或許遠大於飲食和運動，甚至比處方藥更強大。我們將會了解身體確實有自癒能力，以及了解如何啟動體內強大的療癒機制。如此一來，我們必然能重新掌握自己的健康。

不可否認，常規醫學的確有存在的必要，而且能生活在一個如此了解人體的時代，也讓我心懷感激。但是，在我們揭露身心連結如何發揮作用的真相之前，在這個可怕的世界裡，我們仍然是無能為力的受害者。不僅身體與心靈有深刻的連結，我們所有人也都跟周遭的世界有緊密的連結。事實上，自己療癒自己的身體，可能性遠超過我們一直以來的想像，而且我們可以主動展現這些真理，進而做出更有力量的選擇，充實每一天的生活。

我們的身體不只有自癒能力，還能一天比一天更健康。接下來，你將會發現，答案就在你之內，不假外求。

「一年中只有兩天什麼也做不了，一個是昨天，另一個是明天。珍惜當下，去愛、去相信、去做、去認真生活。」

——第十四世達賴喇嘛

第一章重點整理

- 我們應該開始著手解決慢性病流行的問題，並且做出改變來支持健康與舒適的自然狀態。

- 九成的求診患者都是因為壓力而引發身體毛病。

- 壓力可分為身體、化學及情緒三大類，這些壓力會使我們的身體失去平衡。

- 我們的身體擁有一種天生的智慧，不需經過思考就能讓我們維持生命、自我調節與再生。

- 我們的想法、信念及情緒，對於身體健康有極大的影響。

- 我們需要對自己的健康負責，設法了解生理與心理的連結，並且活化內在強大的自癒能力。

身體不是機器：
超乎你想像的變化

「如果你想發現宇宙的奧祕，那麼就要從能量、頻率及振動下手。」

——尼古拉・特斯拉（Nikola Tesla）

醫療保健的品質正在急遽下降，尤其是在美國。醫療成本不斷上升，國民的整體健康狀況卻在走下坡。美國國家衛生委員會（Natinoal Health Council）表示：「美國有近一億三千三百萬人有慢性病，占全國人口的四〇％。到了二〇二〇年，此一數字預計將攀升至一億五千七百萬人，其中八千一百萬人會同時有多種症狀。」[6]美國疾病管制與預防中心（Centers for Disease Control and Prevention）估計，慢性病是美國每年醫療成本高達三・三兆美元的主要原因[7]。

坦白說，現代的醫療體系很讓人失望。像量子物理學與表觀遺傳學這類的新興科學也開始證明，我們的身體跟

心理、情緒的強烈連結，遠超乎傳統醫學的認知。以往被認為荒誕不經的觀念，如今持續受到這些新科學研究的支持。雖然針灸、聲療、能量治療、藥草及食療等療法，至今仍然被冠上替代療法的標籤，但事實上，我們的祖先早已證實這些歷經數千年的古老療法確實有效。

桂格・布萊登是全球靈性研究領域最具影響力的領袖之一，也是鄧普頓獎（Templeton Prize）的被提名人，我跟他曾談過醫療體系為何會辜負我們的期望。他說：「我們都說科學始於三百年前牛頓確立了物理學定律之後，這些定律告訴我們，人類生命的起源是隨機的，我們與身體是分離的，而且基本上，我們也無法療癒自己的身體。它們還強調，我們與身體以外的世界也是分離的，我們不僅無法掌控自己身體內的變化，對於身體以外的世界也毫無影響力。」

一八五九年十一月，英國生物學家達爾文（Charles Darwin）發表了被譽為演化生物學基礎的《物種起源》（*On the Origin of Species*）一書。他主張自然界是建立在競爭與衝突模型（即適者生存）的基礎之上。桂格・布萊登表示：「達爾文關於分離與競爭的觀念在現今的生活及

世界是如此根深柢固，以至於我們幾乎將之視為理所當然。」他接著說：「達爾文當時無從接觸我們現在的知識，不知道我們近年來才發現的細胞、軸突與 DNA 等概念。我們現在還知道因為力場的存在讓萬物彼此相連，這在科學界引發了許多問題，因為數學的立論基礎並未將這種力場納入考量。」

那麼，這對當代醫學又有哪些負面影響呢？

科學正在改變，我們必須跟上腳步

現代醫學的思維模式已經持續了近三百年，這種思維模式的基礎是建立在笛卡兒、牛頓或甚至是達爾文的理論之上，其核心概念不外乎：我們的症狀毫無意義；我們的身體就像一具裝滿器官的機器，上面有用來調整的按鈕與拉桿；以及你的存在沒有任何意義，你只是因為活著而存在，一直到你死去。

——凱莉・布羅根（Kelly Brogan）醫師

從牛頓物理學衍生出來的醫學，把身體視為一種物理裝置，如果它出了任何問題，一定是具體的機械問題所致。在一九二五年以前，這種說法聽起來真的很酷。一九二五年，有一門新的物理學問世：量子物理學。量子物理學跟醫學有什麼關係呢？它說世界上存在著看不見的能量，但醫學領域從未提及，因為醫學認為我們只是由物質建構成的血肉之軀；但事實證明，所謂的物質只是假象。事實上，並沒有任何物質存在，所有一切都是能量。

很久很久之前，對於「心靈」的解釋是肉眼看不見卻能影響物質世界的一種力量。量子物理學把我們帶回到那個時代，在醫學上被漠視的無形力量，在當時才是掌控一切的主要力量。「那麼，這些力量包括哪些呢？」我的回答是：心智與意識。這就是為什麼意念會是凌駕於生物學的一種超然力量，這種發自內心的無形能量，不僅塑造了我們的身體，也形塑了我們與周遭世界的關係。

——布魯斯・立普頓博士

二十世紀末及二十一世紀初最優秀的科學，以及科學
文獻同儕審閱（peer-review）的一些新發現，顛覆了
過去三百年來的科學思維。科學正在告訴我們，自然
界的基本法則並非一百五十年前達爾文所提出的競爭
與衝突，而是建立在合作的基礎上，生物學家稱之為
互助。

現代最進步的科學也指出，我們與自己的身體有深刻
的連結，而且源自大腦與心智的想法、感受、情緒及
信念還能驅動化學作用，以西方世界尚未普遍認可的
方式逆轉疾病、治癒身體，以及延年益壽。現代醫學
奠基於生物學及細胞層面關於分離、競爭與衝突的觀
念之上，但這些觀念早已經過時了。

　　　　　　　　　　　　　　　　　——桂格・布萊登

假如你透過顯微鏡深入觀察身體的任何部位，例如你
的手，你將會看到細胞。再深入觀察細胞，你會看見
細胞核心的 DNA。接著深入觀察 DNA，你將會看到
原子。再繼續深入觀察原子，則是什麼都沒有。但事

實上，裡頭有質子、中子及電子，奇妙的是原子中有百分之九九‧九九九九的空間都空無一物。倘若把一粒質子放大到跟蘋果一樣大，那麼距離最近的電子大概只有一粒鹽巴的大小，而且遠在兩公里之外。所以，你現在知道這個空間有多大了吧，簡單來說就是 πr 的平方（πr^2）。

粒子實際上是出現在所謂的量子場之中，而最終，你可以把這些粒子視為能量波，也就是能量的振動，我想這會改變你的認知，原本在你眼中看起來堅實、固定的東西，如今看起來是可以改變且可治療的。

——大衛‧漢密爾頓（David R. Hamilton）博士

隨著量子物理學與表觀遺傳學等科學領域的新發現，我們必須調整只以生物學的角度來看待自己的方式。在量子物理學的研究中，科學正在證明我們是透過一種能量場來彼此連結，而且所有的物質其實都是由能量的振動波所構成。這種振動波會受到想法及意圖的影響而改變。

　　表觀遺傳學的新發現顯示，我們不是只能做遺傳基因的受害者，基因只是藍圖，我們可以根據本身的想法、情緒與生活方式來活化或關閉基因。這些新科學正在證明能量如何構成一切、我們身體內外的一切是如何連結，以及我們的想法、意念、情緒與生活方式如何影響我們的生理機能。

身心靈一起調整的整體醫學

　　當我們探討常規醫學與整體醫學的對壘時，必須先了解「整體」的真正意思，因為這個標籤至今仍然受到汙名化。許多人認為整體醫學缺乏科學或充分的研究基礎。「整體」一詞單純代表我們要治療的是整個人體，而不是頭痛醫頭、腳痛醫腳。整體醫學會兼顧身心兩個系統，不同於只治療特定器官、系統或部位，而漠視整個有機體的專科醫學。

　　就哲學角度來看，「整體」也可以描述為各個部位、各個層面的總合，並且視為一「整個」系統來做說明。因此，整體醫學會全盤考量一個人的心理、情緒及社會因

素，而不是只聚焦於身體症狀。這正是為何許多人會覺得整體醫學不僅有效，更充滿了慈悲心，因為他們覺得自己不再只是一個病患，而是一個「人」。如今許多專家都同意，我們的身體與心智之間有錯綜複雜的連帶關係，而人與人之間、人與環境之間也同樣有緊密的連結。因此，採用整體醫學能夠更有效地讓健康達到最佳狀態，就變得有理有據了。

為何常規醫學有時會失靈？

我們正處於一個尷尬的過渡時期，因為我們要對抗的醫療模式已經把我們困住好一段時間了。今天患者的病症相對複雜，一個被教育人體的不同系統各自獨立、分別運作，且缺乏整體醫學概念的家庭醫生，要在二十分鐘的看診時間內有效處理患者的問題是不可能的。

——凱莉・布羅根醫師

我們的醫療系統並不健全，醫生與保險公司基本上是在治療症狀，而不是真正移除病根，而且普遍未能從「整個人」這個角度著手。他們藉由開藥來處理症狀，但藥物又會產生副作用，惡性循環的結果是毒素更多、疾病更多，健康也更加惡化。

——麥可・貝克維（Michael B. Beckwith）博士

假如你想擺脫病痛，就必須直搗疾病的根源。大家都只想找到解決方法，而忘了去想：「我為什麼會有這些問題？」

——彼得・克隆

常規醫學與過時的信念系統綑綁在一起，認為疾病的成因與基因及化學作用脫不了關係，所以把製藥產業視為偉大的救星。為什麼？因為藥物能帶來預期中讓我們恢復健康的化學作用。然而，真相卻恰恰相反。單純的器質性病變寥寥可數。事實上，第二型糖尿病百分之百與基因無關，完全是由生活形態所致。在心血管疾病的患者中，至少有九成不是器質性病變，而

是壓力引發的結果。

——布魯斯・立普頓博士

在改變生活方式一個月後，幾乎所有人都能逆轉第二
型糖尿病，讓病症自然消失。戒掉碳水化合物並開始
運動、不吃垃圾食物、攝取全食物與低碳水化合物，
整體胰島素的敏感度會自動恢復正常。這些都是我們
能為自己做的事。因此，慢性病可以說是改變生活方
式、改變心智的一個機會。

——瓊恩・波利森科博士

你的身體是一個完整的通訊器

我們不只是由人類細胞組成的群落，更是數兆人類細
胞與微生物所構成的超個體或超生物（superorganism）。
微生物是一種類似細菌的微小生物，在我們所有身體機能
中扮演著必要角色，並形成我們所謂的微生物體或微生物
群系（microbiome）。

　　布魯斯・立普頓解釋了微生物體的定義與運作方式：
「如今我們發現，人體內存在著與人類細胞數量不相上下
的微生物、細菌與寄生蟲。它們是入侵者嗎？答案是否定
的，我們的生命不能沒有它們。如果殺光我們體內的所有
細菌，也就是所謂的『微生物體』，我們也會跟著死亡。
細菌不是我們生命的附屬物，而是必要元素。你的消化作
用及全身機能，都要靠你體內的細菌才能正常運作。你身
體內的微生物與基因之間存在著一種回饋機制，它們是一
個共同體。」

　　不僅我們的微生物體與人體細胞之間有聯繫，我們的
細胞與環境或周遭世界也會互動。你是否曾經打寒顫，手
臂上的汗毛豎起？感覺到寒冷或受到威脅時，體內會釋出
腎上腺素，當下就會發生這種情形。但這種情形，也可能
是對於諧振或非諧振頻率的反應，或是對環境氛圍是否安
全、和諧的一種回應。所有這些電子與化學反饋系統，都
是為了確保我們的生存。

　　人體另一個出色的反饋機制是症狀。症狀是身體內部
失衡的證據，就像是身體試圖跟我們對話，或是提醒我們
注意身體出了問題的警鐘。西醫的一大問題就是：為了立

即緩解患者的不適，第一步通常就是用藥物來消除或抑制症狀。

> 「症狀就像是用來提醒我們的煙霧警報器。當警報器響起並引起我們的注意時，處置方式不應是關掉警報器，而是撲滅引起煙霧的火源。」
>
> ——傑佛瑞‧湯普遜醫師

現代醫學模式是建立在專業化的基礎上。某個人可能是皮膚科、神經科、麻醉科、外科、小兒科、病理學或幹細胞生物學的專家。接受這些專業化養成的醫師，最大的問題就在於，他們會以本身專業的觀點與詮釋方式來看待症狀，往往不尊重以下這個事實：人體的每個細胞、器官與系統都是這個複雜共同體的一部分，為了適應、自我調節及康復，彼此必須共同合作。

如果只是頭痛醫頭、腳痛醫腳，只專注在身體的某個部位，所施予的藥物、手術或其他常規療法將會打亂整個身體系統的機能與連結。

現代醫學不是無用，而是要用對地方

那麼，這是否表示現代醫學一無用處呢？絕非如此。
現代醫學能夠神奇地治療創傷。倘若我的身體受傷
了，例如發生車禍而腸子外流，千萬不要把我送到脊
椎指壓治療師那裡，我需要的也不是按摩師，順勢療
法更幫不上忙。我要的是一個外科醫生。

——布魯斯・立普頓博士

現代醫學非常有用。對於某些急性病症而言，藥物、
干預性治療手段及外科手術等等，都有良好的治療效
果。相反的，如果你罹患的是慢性病，無論是癌症、
心臟病、自體免疫疾病，就應該選擇整體療法，這意
味著從心理、身體、情緒到能量療癒或甚至是遠距治
療，所有會影響到你身體、心理及情緒體驗的因素都
能全部照顧到。

——狄帕克・喬布拉博士

地球上只有不到五％的人，是天生就帶著完全外顯的
遺傳疾病。另外九五％的人會生病，都是因為生活方
式及行為所造成。因此，雖然現代的醫療模式對於處
理急性症狀非常有效，例如手臂骨折或得了盲腸炎
時，尋求緊急醫療是個好主意；但如果是需要改變生
活方式的慢性病，很多時候只服用化學藥物是不夠的。

——喬‧迪斯本札醫師

一直以來，我們都將緊急護理手段套用在長期照護
上，這正是為什麼有半數美國人在服用超過五次的處
方藥後仍然覺得不舒服。我們在功能醫學*上經常使
用這個比喻：你腳上插了一塊碎玻璃，你可以貼 OK
繃，或吃普拿疼來止痛，但想辦法把碎玻璃取出來才
是更合理的做法，不是嗎？

——凱莉‧布羅根醫師

* 編按：功能醫學（functional medicine）是以科學檢驗為基礎，根據
  個人體質來制定維護健康的方案，治療方法包括飲食調整、營養補
  充品、植物或藥草處方及其他相關的輔助療法，讓身體自行痊癒，
  各項機能維持在最佳的平衡狀態。

　　完全外顯的遺傳疾病是指，當你具有某種基因或遺傳突變時，會百分之百出現疾病或臨床病徵，跟你的生活方式沒有關係。喬布拉、迪斯本札醫師與立普頓博士都同意，百分之一百的遺傳外顯人數大約只占全球人口的五％，代表高達九成五的人即便攜帶缺陷基因，都能夠透過生活方式的改變來影響自己的健康。如果你正在對抗遺傳疾病，建議向醫生諮詢你的症狀外顯率。假如不是百分之百的完全外顯，你對於疾病的臨床病徵就有一定程度的影響力及掌控力。

　　一旦我們相信飲食、想法、情緒、壓力強度及睡眠品質都能影響身體的健康，便能尋求相關的醫師與治療來幫助我們，將這些因素都納入整體治療的一環。自然醫學、生活形態醫學、整合醫學及功能醫學，都是將患者視為一個整體來看待及治療。

　　再次重申，常規醫學與藥物學並非一無可取，有時我們必須權衡後果，為了活下來，不得不以整個身體系統的機能為代價，進行能夠挽救性命的手段或治療。幸運的是，我們活在一個擁有卓越救命科技的時代。即便如此，這些醫療方式主要還是應該用於急症及緊急情況下。至於

慢性病，更需要做的是：深入檢視日常生活的心理、情緒、精神及身體各個層面。

你的醫生是否具備整體醫療的素養，把你視為一個「完整」的人來治療？你所找的專科醫師，他們是否在自己的專業領域外，還會兼顧到如何與身體其他系統連結及互動？他們是否將飲食、壓力及情緒狀態等因素也一併納入治療考量？

水如何映照出心念？

一九九〇年代，日本科學家江本勝利用水與頻率進行了一項突發奇想的研究。二〇〇八年，他的研究發現經科學探索協會（Society for Scientific Exploration）同儕審閱後，公開發表於《科學探索期刊》（*Journal of Scientific Exploration*）。

在這個研究中，江本勝在幾瓶水的瓶身上貼著寫有「愛」、「憎恨」等不同字句的標籤，藉此往水中注入意念。等到每瓶水都冷凍結冰後，他發現貼著「愛」標籤的

水形成完美的對稱冰晶，而貼著「憎恨」的冰晶卻呈現畸形的不完整外觀。相關的實驗照片，你可以在江本勝博士的著作《生命的答案，水知道》（*The Hidden Messages in Water*）或是 www.masaru-emoto.net 網站看到。

江本勝博士還表示，聽到「謝謝你」等正面詞語的水會形成美麗的對稱冰晶，而聽到「你好蠢」或其他貶抑語的水，則會形成支離破碎的冰晶，而且無論使用哪種語言，結果都一樣。「全宇宙都處於振動狀態中，所有事物都會產生屬於自己、獨一無二的頻率……」[8] 江本勝博士進一步解釋：「水，對於世界所發出的獨特頻率極其敏感，能夠精確地反映外在的世界。」[9]

我認為這個實驗結果相當重要，因為人體有七〇％都是水。江本勝博士的研究告訴我們，環境中的能量與意念會直接影響身體的健康與機能。能量與想法有能力改變人體血液、細胞及組織的頻率，也因此，我相信「我不夠好」這一類由消沉信念所產生的負面自我對話，會影響我們的身體健康。

有許多人在體重不理想時、犯錯時，或在人際關係中受到背叛時，會以貶抑的話語來打擊自己或自怨自艾。看

過江本勝的研究，你能想像我們負面的想法與自我對話會
對細胞造成多大的影響嗎？這也意味著，愛與感恩的振動
頻率能夠療癒我們，並與大自然接軌，而憎恨、恐懼等負
面頻率則會帶來破壞性或令人不安的影響。

　　雖然江本勝的實驗如今仍有爭議，但他的發現確實證
明了我的理論：想法與意念的確會對身體產生影響。

　　「水是一面鏡子，能顯示我們看不到的東西。它是我
　　們實相的藍圖，只要一個積極的想法就能加以改變。」

　　　　　　　　　　　　　　　　　　　　　　——江本勝博士

完全緩解的九大關鍵要素

　　完全緩解或自發性康復，指的是某人在治癒率極低或
各項數據不樂觀的情況下戰勝癌症。畢業於哈佛大學的癌
症研究員凱莉・透納（Kelly Turner）博士，研究完全緩
解長達十多年。這項研究的起點，是在她旅經世界各國造
訪完全緩解的癌症康復者及幕後的治療師之後。此後，她
分析超過一千五百個案例，並對來自各行各業、不同種

族、不同宗教、不同年齡以及（最重要的）不同癌症的完全緩解者進行了超過二百五十次的深度訪談。她在開創性著作《癌症完全緩解的九種力量》（*Radical Remission*）中，完整地記錄了自己的研究發現。

凱莉告訴我：「每一種癌症都有經過證實及記錄在案的完全緩解例子。即便是胰腺癌、第四期肺癌或甚至無法開刀的腦瘤患者，都有成功痊癒的案例，為人類帶來巨大的希望。這意味著，我們明天就能痊癒嗎？不是的，但這表示完全緩解值得我們研究，而且必將會為我們帶來驚人的發現。」

凱莉說：「我已經找到了超過七十五項因素，這些是人類可以為恢復健康而努力的方向，但並非所有人都使用過這七十五種療癒因子。然而，當我更仔細研究過資料後，發現所有癌症痊癒者都使用了其中相同的九種方法。這些是他們發現的，而我只是為他們發聲而已。完全緩解的癌症痊癒者，所使用的九大要素中只有兩種與身體有關，其他全都屬於心理、情緒及精神層面。這對我如同當頭棒喝。所以，確實有一種方法可以透過你的心靈和情緒來活化免疫系統。當然，其背後有大量的科學理論來支撐。」

完全緩解的九大關鍵要素

1. 徹底改變飲食

2. 掌握你的健康

3. 依循你的直覺

4. 運用藥草及營養補充品

5. 釋放壓抑的情緒

6. 提升正向情緒

7. 接受社會支持

8. 深化靈性連結

9. 強烈的求生欲

　　我認為雖然凱莉・透納只針對癌症進行研究，但這九項關鍵要素也適用於各種慢性病的治療。我還發現，這九項要素中只有兩種與身體有關，這提供了我一個真實的例證，倘若想療癒或達到理想的健康狀況，身體層面的影響力只占二〇％，而最重要的因素或許還得從心理、情緒與

精神層面著手。凱莉的研究使我更加肯定，為什麼整體療法才是對治慢性病最有效的手段。

　　說到完全緩解，有個值得探討的案例能顯示心理、情緒與精神層面對於療癒的影響有多強大，那就是下面艾妮塔・穆札尼（Anita Moorjani）的故事。她證明了無論身體狀況有多糟，仍然都有可能讓組織再生、讓機能恢復，進而恢復健康。

真實案例分享：艾妮塔・穆札尼的故事

　　二〇〇六年二月二日，原本應該是艾妮塔・穆札尼生命中的最後一天。四年前，她脖子上的小腫塊被診斷為淋巴瘤。而到了二月二日這一天，從頭骨底部至頸部周圍、腋下、胸部，一路向下蔓延到腹腔，她的身上出現了更多的腫瘤，有些尺寸已經直逼檸檬大小。她已經衰弱到器官接連衰竭的程度，人也陷入昏迷。醫生通知她的家人，她的時間不多了。

　　艾妮塔跟我說，她在陷入昏迷時進入了另一個國度，她在此感覺到了已故的父親：

在我成長的過程中，我跟父親的關係時好時壞。
在我度過青澀的青春期後，我的雙親都希望我能
準備好相親，這在印度文化中相當普遍。由於我
從小念的是教導英國價值觀的香港學校，根本不
打算相親，因此違背了父母的期望。我總是覺得
自己讓父親失望了，永遠無法成為他心目中所期
望的好女兒。

現在，我跟他一起待在另一個國度，留給彼此的
感受只剩下無條件的愛，而他對我過去行為的任
何批判都已經不復存在了。在那一刻，我達到了
圓滿、通透的狀態，並清晰地了解到，我為什麼
會得癌症。我了解原來在我這一生中，所做的決
定與選擇都是出於恐懼。

艾妮塔明白了這個道理，並意識到如果她選擇回到身
體中，一切病痛都能痊癒。但即便如此，她卻不想回到自
己的身體裡。她在另一個國度感受到了無邊無際的愛以及
跟父親的連結，那種感覺實在太美好了。但父親說她必須

回去實現自己的目標，就在那個當下，她感覺自己正從昏迷中甦醒。

　　值得注意的是，昏迷中的艾妮塔仍然可以覺知到她不可能知道的事情。當她從昏迷中醒來後，清楚知道昏迷期間為她看診的醫生名字，但兩人其實從未照過面，而且她還詳細描述護士在她無意識時對她做了哪些事情。她也敘述了丈夫與醫生在離大廳四十英尺處的一次對話，而這個距離已經超過了聽力範圍。

　　甦醒後大約過了一星期，醫生在檢查時發現艾妮塔的腫瘤正在消散，而且消散速度比他們以往見過的其他腫瘤都要快。五週後，艾妮塔的身體情況越來越好，醫生在她體內已經找不到任何癌細胞，所以讓她出院回家，重拾健康的無癌人生。艾妮塔的所有醫療紀錄，都能證明她身體的變化過程。

　　艾妮塔的瀕死經驗，讓她徹底改變了人生觀。從原本的恐懼——害怕被批評、害怕他人的看法、害怕失敗等等，轉變為以愛為本。她的身體回應了她的意識轉變，從而治癒了癌症。太神奇了！

　　尤其重要的是，艾妮塔先前尋求西醫介入、做過化

療，但是直到陷入昏迷及經歷瀕死體驗之前，她的情況一直都沒有好轉，甚至醫生都發出病危通知了。她在重病與痊癒狀態之間的唯一改變，就是她的人生觀不同了。然而，艾妮塔的例子是不是難得一見的奇蹟呢？或者是，我們可以研究她身上發生了什麼變化，好讓更多人實現這種不可思議的轉變？

第二章重點整理

- 科學不斷演進，我們必須改變自己的思維方式，不該再將身體視為單純的物質裝置。

- 整體醫學會考量一個人的心理、情緒及生活方式等多層面的因素，不會僅著眼於患者的症狀。專家如今都認同不僅身體與心智之間有錯綜複雜的關係，人與人之間、人與環境之間也會深刻地互動。因此，採用整體醫學能夠更有效地讓健康達到最佳狀態，就變得有理有據了。

- 人體是由人類細胞群落與微生物體所構成的精密設計，它們會持續互動、演化、自我調節與療癒。

- 傳統頭痛醫頭、腳痛醫腳的專科治療，可能會打亂全身的機能與連結。

- 全球各地都有癌症患者完全緩解的案例。所有癌症康復者都曾利用九大關鍵要素來自我療癒，而其中只有兩種要素與身體有關，其他要素都是從心理、情緒及精神層面著手。

沉默的主宰者：
潛意識的力量

「一切唯心造；諸相由心生。」

——佛陀

　　艾妮塔・穆札尼改變了人生觀，她的身體做出了回應而得以從病危狀態中痊癒。在她身體極度惡化、醫生與親人都已放棄希望的情況下，奇蹟卻出現了。

　　我們如何詮釋這個世界，取決於我們對生命的信念，而這種看待世界的方式把我們分成了兩種人。如果我們用象徵手法來譬喻，其中一種人戴著「玫瑰色鏡片」，對人生抱持著正面觀點；另一種人則比較悲觀，會透過晦暗、憤世嫉俗的鏡片來看待生活。至於你的鏡片是什麼顏色，則是由你的核心信念來決定，而這些信念通常建立於幼年時期的經驗之上。

. . . .

當信念開始萌芽……

我們觀看這個世界時，其實是在潛意識裡運作。你潛意識中的程式，主要是在七歲前從其他人的行為中下載而來，包括父母、手足以及你的生活圈子，而其中高達七○％是負面、消極及自我破壞的內容。

——布魯斯·立普頓博士

本質上，我們就像一塊對全世界開放的海綿，年輕時會吸收身邊所有人的行為模式。所以，如果我們的照護者能夠有意識地學會以健康方式管理自己的情緒、療癒傷痛，的確是件好事。然而，在我所認識的人之中，有幸能生長在這種家庭的人卻寥寥可數。

——桂格·布萊登

從想法、情緒、感知到生理，全都會受到早期環境的影響。如果孩子時常受到關心、喜愛、賞識、接納、愛及快樂，將會塑造出一個能夠自我調節、平衡與身

心健康的生物體。相反的，如果孩子未能被接納、喜
愛或賞識，便會引發疏離或甚至恐懼的感受，最終可
能會以憤怒、敵意、怨恨、不滿、負罪感、羞愧或抑
鬱等形式表現出來，從而發展為孤僻、疏離的性格。
這幾乎是老生常談了。你一隻手握著愛，另一隻手握
著恐懼。愛會與生命連結，而恐懼則會中斷與生命的
連結。恐懼是其他所有失調情緒的根源，而我曾提過
失調的情緒會破壞身體的恆定或自我調節，接著便是
我們所說的疾病（不舒適），因為疾病都是從不適感
發展而來。

——狄帕克・喬布拉博士

信念會影響我們的感知。我們感知的不是真相，能感
知到的都是我們所相信的。某些信念確實能夠賦予我
們力量、對人生充滿希望，並影響了我們的高我。但
相反的，有些信念卻像一個個的環套住我們、限制我
們，但這些信念其實只是對某段時期的記憶，那時的
我們還無法應對那些時刻。比如說，在一個背負家庭
創傷、酗酒或人際關係不良的環境中長大。當我們沒

有工具可以在特定時刻處理自己情緒時，就會創造沒有完全成形的記憶。因為我們沒辦法整合它，它就成了一個局限自己的環，一個自我設限的信念。這種自我設限的信念會創造出三樣東西：首先是，感知的鏡片；其次是，人生體驗的濾鏡；而第三個是引力或磁場。最終，我們仍然在用那個置身在衝突、創傷與糾葛環境中、年僅四歲孩子的眼光來看待自己及周遭的世界。每當有顏色、聲音、氣味與味道觸動了我們的感覺時，我們都會加以過濾後去感受它，接著就會產生如同初次經歷般的那種反應。

你可以試著跑得比潛意識還快，就像你試著跑贏影子一樣。但你辦不到，你必須轉過身來面對它。你必須將問題當作一扇門，並且認知到這些症狀與壓力其實是有意義的，能在我們覺醒的過程中成為絕佳的助力。

——戴倫・魏斯曼（Darren Weissman）醫師

　　我們必須記住三件事：首先，我們潛意識中的程式大都來自其他人（甚至連信念都不是我們自己的）。再者，我們將近七〇％的核心信念是負面的、消極的、自我設限的想法。最後，當我們缺乏處理情緒的工具時，情緒就會困在潛意識及身體之中，成為沒有完全成形的記憶。

　　「潛意識」一詞意味著在意識深層或在意識之外運作。換句話說，對於操控我們人生的信念，我們往往沒有意識到！戴倫・魏斯曼醫師鼓勵我們把生命中的難題與處境當成是反饋，或是通往潛意識的門戶。我們人生的每一個困境，都是為了讓我們覺知到潛意識中那些自我設限的負面信念，好讓我們覺醒過來，並且改變那些不再能為我們所用的事物。

　　「當你改變看待事物的方式，你眼前的事物就會跟著改變。」

——戴倫・魏斯曼醫師

表觀遺傳學：後天環境可以改變先天基因

回到一九六八年，我正在學習如何複製幹細胞，當時全世界只有少數幾個人知道幹細胞是什麼，所以我在天時地利之下獲得了一些有趣的發現。我單獨培養了一個幹細胞，它每十到十二分鐘就會分裂一次。一開始，只有一個細胞，接著變成了兩個、四個、八個、十六個、三十二個，不斷以倍數增加，最後我擁有了五萬個基因相同的細胞。但這不是實驗，我所做的實驗是：把這些細胞分別放入三個培養皿中，接著改變培養基的化學成分。培養基的作用等同於血液，所以，如果我在培養老鼠細胞，要做的就是分析老鼠的血液，看看它含有哪些成分，然後試著製造出一種人工合成的培養基。我把基因相同的細胞分別放進三個培養皿，但培養皿的環境因為化學物質不同而有些微差異。結果，第一個培養皿的細胞形成了肌肉、第二個培養皿的細胞形成了骨骼，而第三個培養皿的細胞形成了脂肪。那麼，為何基因相同的細胞會出現不同

的命運呢？答案是：環境主宰了細胞的基因活性。

生物學的本質其實很單純。生物體會自我調整來適應
環境。假設我正在觀察肝細胞在自己體內的活動，我
說：「我的肝細胞應該要適應環境中正在發生的變
化。」我接著會問：「那麼，肝細胞又怎麼知道環境
中正在發生變化？」答案是：肝細胞不是直接與環境
接觸，而是仰賴神經系統傳遞關於體內環境的訊息，
讓肝細胞能夠調整本身的生物特性，以便適應外界的
變化。現在，我們只有一個問題。意識是對訊息的一
種詮釋，所以我們的心智會判讀環境，然後做出詮
釋，大腦再將詮釋轉化為血液的化學成分。

因此，我對生命的理解決定了我的培養基、血液中的
化學成分，進而決定了我的基因。一旦我改變想法，
就會改變化學成分。所以，假如我改變了我的感知、
思維及人生信念，就改變了進入細胞的訊號，並調整
了細胞的功能。這點非常非常重要！我有能力改變本
身的環境、對環境的感知，從而掌控我的基因活性。

我不是遺傳的受害者，我是自己基因活性的主人。

——布魯斯・立普頓博士

　　這本書帶來的訊息，可以讓你重新掌握健康，並了解身體與生俱來的神奇自癒能力。立普頓博士提醒我們，意識其實是一種對生命及世界的詮釋，其中所根據的信念大都是從零到七歲期間從照護者的身上所吸收而來。

　　如同我們在艾妮塔身上所見的，她的核心信念完全出自於恐懼，而恐懼在理論上會導致壓力、混亂，最後發展為疾病。後來她在瀕死時，體驗到了父親無條件的愛以及前所未有的清明心境，立刻扭轉了她的核心信念，當她以愛為出發點後，她的身體也自然地回到了舒適及健康的狀態。我們根據本身信念所建立的人生觀，決定了我們如何去看待世界，是透過玫瑰色澤、賦予力量的鏡頭，抑或是透過晦暗、充滿負能量的鏡頭。無論是哪種鏡頭，最終都會影響我們情緒壓力的強度。而且別忘了，在第一章中幾乎所有的專家都說，不管是化學、情緒或身體層面的壓力，都可能成為致病的根源，發展出任何一種疾病。

信念的力量，定調了你人生的顏色

擁有相同的 DNA 且對疾病有相同易感性的兩個人，一個可能會生病，而另一個不會；一個能夠痊癒，另一個不能。原因就在他們都各自優化了控制基因活性的環境因子，表觀遺傳學就是這麼一回事。

——瓊恩‧波利森科博士

大多數人心理上的壓力都是虛構的，它們不是來自對最壞情況的設想，就是來自尚未發生的未來事件。當我們抗拒生命時，就會產生這種壓力。人生難免會遇到自己不想要或是不該如此發展的事，我們也因此為自己帶來了壓力。我們無法與生命和諧共處、無法接受這樣的人生，這會讓我們感到不適，這正是為什麼我喜歡將 disease（疾病）拆解為 *dis-ease*（不適）的原因。所以，不適就是疾病的前兆，意味著疾病接下來就會體現在我們的生理機能上。

我的專長是心靈及心智的研究，幫助人們去看出他們
在信念上過不去的難關。對我來說，這通常代表他們
正在受苦，而內心的折磨將會刺激他們的身體系統，
在體內颳起化學風暴，讓身體組織變得衰弱。直到你
改變心態及人生的信念之後，直到你找到內心真正的
平靜之後，才能針對身上的各種不適一一擊破，並在
一段過渡時期內擺脫你的毛病，不過它們很有可能會
再次復發。

——彼得・克隆

信念的力量幾乎主宰了一切。此時此刻，你所相信的、
所認為的，都在告訴你的免疫系統：停止運作，因為
你必須逃離某個壓力因子；或是「一切都很好，我們
不妨放輕鬆，如果有問題要解決，那就解決吧」。就
是這樣，你可以選擇戰或逃模式，也可以選擇休息及
修復的模式，而你的信念就是切換模式的開關。

——凱莉・透納博士

　　你是透過哪種鏡片或鏡頭來看待人生？它是為你帶來正面、有力量的觀點，或是會削弱你的力量？你是否認為自己就像個無助的受害者，覺得別人或外在環境要為你的問題負責？或者是，你認為自己是你人生的共同創造者，你的想法、信念及行為都在參與打造你的體驗？你潛意識中有哪些信念左右了鏡片的顏色？有哪些信念或許不再能為你所用？有哪些新信念是你想要採納的？

　　「縱使世界充滿苦難，卻也充滿了克服苦難的故事。」

　　　　　　　　　　　　——海倫‧凱勒（Helen Keller）

　　那麼，我們該如何改變人生的信念？如何從恐懼轉變為愛？如何以健康的方式去處理自己的情緒？還記得凱莉‧透納的完全緩解研究嗎？在一千五百個完全緩解的個案中，有半數先前都是在醫師宣布束手無策後，回家等死的癌末患者。這些人在採行第二章提到的九大療癒關鍵要素後，最後得以痊癒。這九大要素大都與情緒相關，例如「釋放壓抑的情緒」以及「提升正向情緒」。

　　科學一再證明，諸如憤怒、生氣、受傷害、恐懼、抑

鬱和嫉妒等負面情緒，都會對我們體內的化學作用產生負面影響。相反的，正向情緒能讓大腦釋出具有療癒效果的化學物質進入身體，從而增強我們的免疫系統。一旦了解情緒會如何影響我們的生理機能，就能開始實踐或嘗試各種療法，來幫助我們釋放壓抑的情緒、提升正向的情緒。

情緒對生理機能的影響

在我們更深入討論要如何改變你的感受及想法之前，請務必記得：這種機制是根植於身體之中。因此，你的情緒、精神狀態與物質的身體是密不可分的。我們不是擁有一副身體及一個負責思考的大腦，而是這兩者是一體的。假如你改變其中之一，另一個也會跟著改變，科學已經證實了這一點。當你被醫院送回家，只能無助地躺在床上，沒辦法出門跑步來強身時，你唯一能做的，就是改變想法，而這會賦予你力量。

——凱莉·透納博士

每個想法都會影響我們的身體，也會影響生活的其他
層面，因為我們之間沒有隔閡。如果我攻擊你，就等
於在攻擊自己；如果我對你不慈悲，就等於對自己不
慈悲，而這些都會影響我的身體。你尋求寬恕、尋求
他人更多的慈悲，這是利人利己的作為。這就是心靈
醫學，也是為什麼整體療法必須要從身心靈三管齊
下。心智確實會影響免疫系統的功能。

——瑪莉安・威廉森

當我們內心升起某種情緒時，會發送訊號到大腦。這
些訊號的品質決定了大腦對情緒會做出何種反應。你
可以把從心發送至大腦的訊號，想像成一組美好、諧
振、連貫一致的平滑波形，而大腦也會配合這股穩定
又有組織的振動波，釋出能夠支持身體活力的化學物
質。此時我們的免疫系統會變得強大，可以產生超級
棒的免疫反應。

相反的，感受到挫折、生氣、憎恨、嫉妒、憤怒或恐
懼時，訊號看起來完全不一樣——就像股市大跌的曲

線。當心智發送大量紊亂無序的鋸齒波到大腦時，接收到這些訊號波後，大腦會認為：「噢，我必須釋出相對應的化學物質。」這就是壓力的化學作用。

——桂格‧布萊登

在壓力狀態下，我們的能量場會進入抵抗狀態，測謊器就是透過壓力變化來進行判讀。在這股能量下，我們的血液會受到影響，無法順暢流動，體溫也會起伏不定。當我們處於壓力下時，就會產生阻抗能量，從而出現發炎現象──有更多的血液流到某個部位來促進修復。但是，這反而會讓情況更糟糕，因為發炎反應就像一把火，而這把火能夠把整間屋子都燒掉。

——戴倫‧魏斯曼醫師

發炎是免疫系統的一種防禦性反應，用以修復身體的受損組織或移除體內的有害刺激。這種自療機制可能會造成暫時性的不適，包括紅腫、發熱、疼痛或發癢。然而，長期的慢性發炎則是代表身體無法自行調節修正，已經處

於失衡狀態了。當身體不堪負荷時，我們就必須協助它自行矯正及恢復。

物極必反是萬事萬物不變的道理，發炎也一樣，這就是為什麼慢性發炎最後會導致類風濕性關節炎、發炎性腸道疾病克隆氏症（Crohn's disease）與其他自體免疫疾病。負面情緒會引起發炎，此一事實代表我們在自我療癒時必須將情緒健康納入考量。

如同彼得·克隆所說的，光是治療生理性病痛及使用常規療法可能會在一段時間內奏效，但如果我們無法同時解決心理與情緒因素，病症還是很可能捲土重來，我們經常在癌症患者身上看到這種情況。治療癌症時，如果只使用化療及放療，而未同時改變生活方式或消除心理及情緒因素，癌症就極有可能復發。

負面情緒不僅會讓身體產生發炎反應，也會干擾我們的能量。現代科學一再印證數千年來的古老智慧——情緒就是能量，假如我們未能妥善處理情緒，它們就會對身體的能量系統帶來負面影響。

心病可以要你命，負面情緒是隱形殺手

在古老的傳統醫學體系中，如果情緒或精神層面的「氣」、「普拉納」（Prana）或所謂的生命能量卡住不通了，時日一久，能量的阻滯就會導致身體阻滯。目前為止，這個理論在西醫體系尚未獲得證實。然而，我所訪談過的完全緩解者及他們的醫師，卻一再地提到這項理論。因此，我認為這點相當值得注意，也就是情緒阻滯可能導致身體阻滯。我的想法就是情緒要釋放出來，而且你可以透過任何喜歡的方式進行。例如，有些人喜歡跳尊巴舞（Zumba），有些人會請薩滿巫醫進行靈魂探索，有些人會做心理治療，而有些人則是把前夫寫的所有信件燒掉。無論透過什麼方式，重點是能讓你釋放憤怒、放下怨恨、走出悲傷或傷痛，尤其是傷痛。這些情緒通常會被深鎖在你的潛意識中。

——凱莉・透納博士

以往在我經營身心科診所時，最後總會回到兩個主要
的癥結：懊悔與怨恨。當時我會在十週的療程（內容
包括靜心、正念、寬恕、感恩及運用想像力）結束後
訪談患者，發現其中有些人沒有達到預定的治療效
果。屢試不爽的是，那些沒能療癒的人總是糾結在懊
悔與怨恨之中，無法自拔。

——瓊恩・波利森科博士

有多種不同的療法，能幫你釋放堵塞的能量並療癒情
緒創傷。靈氣治療、EFT 情緒釋放技巧、神經語言程式學
（NLP）、眼動身心重建法（EMDR）、針灸、氣功、調
息、催眠療法、顱薦椎療法、神聖植物療癒法、整脊療
法、聲音療法、快速改變信念的 Psych-K 技術、希塔療癒
（Theta healing）、脈輪療癒、觸療、漂浮療法與反射療
法，都曾經成功幫助消除障礙、創造療癒空間。情緒阻滯
最終會發展成身體阻滯的理論，也能解釋為何所有專家都
認為寬恕與放下是療癒過程的必要步驟。

· ·

寬恕的力量，讓你成為快樂的人

每一條確實可信的靈性道路，都有一些關於寬恕的教導。我總是說，所有的寬恕行為都是在放過自己，因為對他人的怨恨、憎惡會讓你耿耿於懷，心裡必定沉甸甸地積壓著這些情緒。即便有人對不起我，我的想法還是不變，而這樣的想法會影響我的身體，影響我血液中的化學物質，甚至影響一切。所以當我開始寬恕他人，就是在釋出憎惡、怨恨及敵意。我釋出內心所有耿耿於懷的感受，所以我這是在寬恕自己。然而，這不表示他人所做的、沒做的、該做而沒做的、不該做卻做了的事不會受到應有的懲罰，其重點在於：寬恕與他人無關，寬恕只跟自己有關。

——麥可·貝克維博士

說到情緒，寬恕是最佳的釋放管道。你對父母的恨意、對同事的批判、對配偶的不順眼，都能透過寬恕，放下這些內在的批判、責怪，以及擺脫受害者的

心態。如果你能釋出這些情緒，並體認到生活不是在
跟你作對，而是在為你工作，你就能夠開始療癒。

——彼得・克隆

**你需要寬恕誰？你需要寬恕自己哪些事？你今天能夠
放下哪些懊悔或怨恨？**

「寬恕能解放靈魂、消除恐懼，是力量強大的武器。」

——納爾遜・曼德拉（Nelson Mandela）

　　一旦你清除體內的負面情緒，接著就該累積正向情緒
的庫存。未經處理的負面情緒會逐漸堆積，導致發炎及壓
力；而正向情緒的效果正好相反，它們能夠改變身體的能
量狀態開始自我療癒。

　　在紀錄片《祕密》中，我印象最深刻的兩個故事，一
個是靠著看搞笑片、在三個月內治好乳癌末期的患者，另
一個是諾曼・卡森斯（Norman Cousins）治癒僵直性脊椎
炎。卡森斯發現，當他大笑時，劇烈疼痛就會消失，因此

決定看好笑的電影及電視節目來緩解疼痛。他說：「這個
發現令我相當開心，只要捧腹大笑十分鐘就能帶來麻醉般
的效果，讓我在沒有疼痛的情況下至少睡上兩小時。」最
後，他在大笑療法及高劑量維生素 C 靜脈注射的搭配下，
徹底治好了僵直性脊椎炎。看來，開心大笑真的是良藥！

「幽默可以消除恐懼。當你大笑時感覺不到害怕，就
這麼簡單。」

——伯尼・西格爾（Bernie Siegel）醫師

　　凱莉・透納告訴我，在一項研究中，讓兩組癌症患者
做化療時，一組看脫口秀節目，一組沒有。四個小時後，
看脫口秀節目那組患者的免疫指數明顯高於另一組。「幾
乎是立即見效！」凱莉說：「而且這些人的副作用比較
少，化療後的恢復程度也比較好。」

　　凱莉承認，要隨時保持樂觀並不容易，尤其面對可能
致命的疾病時。「完全緩解的癌症康復者希望我回歸到實
際面，並且大聲說清楚：你不必隨時都要覺得開心。」她
告訴我：「你用不著擔心如果無法一直保持開心，就會傷

害到免疫系統或是妨礙你抗癌。這樣反而會讓你陷入自責的惡性循環，對你的免疫系統顯然沒有幫助。」

相反的，利用正向情緒療癒就跟運動一樣，你只需要每天做一點練習就能有好處。凱莉繼續解釋：「我訪談過的案例中，曾經有些人深陷在恐懼裡長達好幾個月，但他們都會想辦法每天轉移自己的恐懼至少五分鐘──打電話給朋友，撫摸他們的愛貓，或是看一部搞笑片。只要你能讓負面情緒中斷循環五分鐘，就能讓你的免疫系統有機會重開機並再次運作，這才是最重要的。」

愛的化學作用

當一個人置身在能夠感受到愛的環境之中，即使只是在心裡想著某個人對他表達愛意或關懷的那些時刻，或是親近所愛的人，甚至是親近馬或貓狗等動物時，都會讓大腦分泌愛的荷爾蒙──催產素，然後對心臟及生殖器官發生作用。催產素能為心臟帶來神奇的效益，可以改變血管的形狀、清除心臟病的某些前驅物

質，並且保持動脈健康。催產素對於消化作用也扮演
著重要角色，能幫助我們更好地消化食物。

因此，當我們感受到愛、憐憫、感激、親情、善良及
慷慨等正向情緒時，等於是在催快療癒的速度。愛是
奇妙、美好又具有療癒力的能量，我非常樂見科學正
在從生物學層面來證實這些效果。

——大衛·漢密爾頓博士

愛的化學作用，是指對愛的詮釋會轉譯為某些非常有
趣的化學作用。多巴胺是因為愛而生的產物，會令人
快樂。催產素也源自於愛，可見愛是快樂的泉源。當
你墜入愛河時，血管升壓素（vasopressin）這種化學
物質會釋出到血液中，讓你對另一半變得更有吸引
力。更重要的是，當你戀愛時，大腦也會釋出生長激
素。所以，正在談戀愛的我，同時也在促進我的健康
與成長。

談到身體健康的相關議題，可以區分為兩個不同的指

令：一是成長，二是保護。這是兩種完全不同的作為，而且都具有排他性、無法並存。比如說，如果某種刺激有助於成長，我會想靠近並接受刺激，愛就是如此。我會朝著愛走去，張開雙臂擁抱愛。相反的，如果該刺激有害、具威脅性，為了要保護好自己，我就不會向它靠近，而是遠離它並把自己封閉起來。以上這段話的重點是什麼？簡單來說，就是成長會讓我們靠近刺激源，而保護則要求我們遠離刺激源。你不能同時前進又退縮，也無法同時開放又封閉。由於成長與保護具有排他性，所以當我對自己的生命產生負面感受時，例如診斷結果不樂觀，我就會試著保護自己，會為了阻擋問題而關閉身體系統。

關閉系統當然不利於成長，而且實際上會加速病程與死亡。所以，恐懼會導致死亡。假如你說自己無所畏懼，我就會問：「那你擁有愛嗎？」你會問：「有什麼差別？」答案是：愛會使你把心打開去接納，讓你獲得成長與療癒。如果你既沒有壓力也沒有愛，那麼你在哪裡呢？你就站在中間地帶，不上不下，既不會

成長，也不能保護自己。如果你想擁有更好的人生，
就必須從恐懼走向愛，從保護模式轉變為成長模式。
問題不只是消除壓力，而是在消除壓力之外，更要以
正向、充滿愛及促進成長的事物來取代。

——布魯斯・立普頓博士

「據我所知，愛是最強大的療癒力量。」

——露易絲・賀（Louise Hay）

學習如何釋放負面情緒及提升正向情緒，其美妙之處
在於我們能透過意念直接影響自己的健康。我們可以簡單
地想一些會讓自己開心的事、想著談戀愛的時候、看搞笑
片或喜劇片，這些想法和感受能夠在我們身體內釋出具有
療癒性的化學物質。這是一個令人充滿希望的好消息。

喬・迪斯本札自我療癒的神奇故事，就是激勵人心的
一個例子。

真實案例分享：喬・迪斯本札的故事

　　一九八六年，喬・迪斯本札正在加州棕櫚泉（Palm Springs）進行鐵人三項的自行車賽段。當他依照警察的指揮路線急轉彎時，一輛四輪傳動的福特野馬跑車以大約時速五十五英里的速度從後方將他撞飛。他的下背部與臀部重摔落地，六節脊椎骨受到巨大擠壓，其中一節塌陷超過六〇％，破裂的椎弓就像碎掉的蝴蝶餅一樣。

　　喬的胸椎及上腰椎多處壓縮性骨折，脊髓中有骨頭碎片，而椎弓斷裂也壓迫著脊髓。他在醫院接受南加州四名頂尖外科醫師所提出的四種意見，而診斷結果是：他或許再也無法走路了。醫生還建議他使用哈靈頓桿（Harrington Rod）固定器來矯正脊柱，這是一種激進的治療手段，要把不鏽鋼棒從脖子底端插入到脊椎底部。

　　喬是脊骨神經治療師，在似懂非懂地聽完醫師的說明後，他很難做出決定。即使照了 X 光，做過電腦斷層掃描、磁振造影及預後評估，他還是不想動手術。他無法想像終生都要吃藥控制，也不想在輪椅上度過下半輩子。他決定出院，心裡浮現了一個想法：我要喚醒身體的自癒力。

　　喬相信，賦予我們生命的智慧也具有意識，而且隨時都在關注著他。他決定要跟這種智慧接上線，然後為自己打造一個量身訂做的治療計畫。喬打算將這個計畫交託給偉大的智慧，因為它一定比自己更了解要如何進行治療。

　　只能躺在床上無法動彈的喬，開始在腦海裡一節一節重建自己的脊椎。但他很容易分心，不時會想到日後坐輪椅的日子，沒辦法一直專注觀想，必須反覆把胡思亂想的思緒拉回來，重新開始。喬掙扎了六個星期，經歷過多次的挫敗、不耐煩及憤怒。他閉上眼睛，在腦海裡重建每一節脊椎骨，整條脊椎重建完畢通常要花上三個小時。

　　「我從未對這種狀態與做法滿意過，但我就是持續去做去努力。」喬說道：「六個星期後，我終於可以一鼓作氣地在完全不分心的狀態下完成。就在那一刻，我觸動了某個開關，那一刻，我知道有什麼事情不一樣了。」

　　很快的，原本要花三個小時才能完成的觀想，現在只需要四十五分鐘。他當時還不知道，每天反覆的操作會在大腦中活化及串連起新的迴路。就像任何技能一樣，熟能生巧，他的專注力也不斷在進步。「當時我哪裡都去不了，什麼事都無法做，只能整天趴著，所以有大把大把的

時間。」喬回憶道。

　　喬開始注意到身體出現顯著的變化。他的疼痛程度下降，不久後疼痛便完全消失，麻木或刺痛等神經問題也有所改善，運動機能也開始恢復。他說：「當我將內在所做的努力與外在產生的效果聯繫起來後，觀想時更是充滿了動力與熱情，不再感到恐懼和挫折。」

　　他的觀想過程變得輕鬆又有趣。「如果我還能再次走路，我還會把看夕陽、洗澡、跟朋友坐下來吃頓飯視為理所當然嗎？我開始選擇存在於量子場的潛能，同時不再把情況往壞的結果去設想，而是著眼於未來的可能性。」

　　喬開始以新的方式對新的基因發出訊號，他的身體也因此出現巨大的變化。僅僅十週內，他就能下床，在第十二週開始做訓練。他表示，他的身體及背部已經不再疼痛。「我只是跟自己達成協議，協議的內容如下：只要我能再次走路，我將利用餘生去研究身心連結以及心智對物質的影響，這是我從一九八六年以來一直都在做的事。」

　　喬匪夷所思的療癒故事，讓我了解身心連結有多麼強大，同時也顯示，療癒不只需要我們全心全意地投入，也需要自我承諾、奉獻、耐心與熱情。

如果你正走在療癒之路上，你能在哪些地方加強你的注意力及自我承諾？你能每天花十分鐘來觀想自己恢復健康、再次重拾所熱愛的事物嗎？

第三章重點整理

- 我們的信念源自於潛意識，而我們通常沒有意識到它們。假如能夠覺知到潛意識中自我設限的負面信念，就能改變那些不再適合我們的思考模式。

- 表觀遺傳學表明我們不是遺傳的受害者，透過改變環境或對環境的感知，我們確實能影響基因活性。

- 情緒對於生理機能會產生直接的影響。負面情緒可能會導致發炎現象，而正向情緒則會帶來療癒效果。完全緩解的九大關鍵要素中，其中就有兩項的重點是釋放壓抑的情緒及促進正向情緒。

- 愛能讓身體釋出有益的化學物質，因此愛是最強大的療癒力量。

- 自發性的療癒是有可能的，只要投入時間、自我承諾、奉獻、專注、實踐及耐心。

信心的力量：
安慰劑效應人體升級版

「凡是你能想像並相信的，就一定能實現。」

——拿破崙·希爾（Napoleon Hill）

　　你聽過安慰劑效應嗎？一九五五年，亨利·比徹（Henry Beecher）醫師在醫學論文〈強大的安慰劑〉（The Powerful Placebo）首次提到這個術語。意思就是，如果病人在不知情的情況下，把糖丸當成藥物服用，還是會產生某種程度的療效。那麼，其背後的原理是什麼呢？我們又該如何運用像絕地武士一樣的超能力來提升自癒力，同時避免藥物帶來的副作用呢？

　　我與喬·迪斯本札醫師聊過，他提出一個合理又深刻的解釋來說明安慰劑效應的神奇現象。他說：「人們可以接受、相信並臣服於自己正在使用藥物或治療的想法，並開始對他們的自律神經系統下程式指令，以調製出跟自己正在服用的藥物相匹配的化學物質。」

但是，我還是很納悶，無效的物質要如何引發體內的治療效果？

「不是糖丸這種無效物質帶來療效，而是想法在發揮作用。」他說：「在憂鬱症研究中，服用安慰劑的受試者中有高達八一％的人，其反應就跟服用抗憂鬱藥物的受試者一樣好。這代表什麼？這意味著他們是靠自己調製出了抗憂鬱藥物，而他們的身體及神經系統就是世界上最棒的藥劑師。」

根據喬·迪斯本札醫師的說明，安慰劑效應建立在三個要件上：條件反射、期望及意義。首先，你讓某人服用真正的藥錠，順利消除他的疼痛；接著再讓對方使用相同的藥物，再度發揮止痛效果。然後第三次，你給他服下看起來像上回給的止痛藥錠、但實際上只是糖丸的安慰劑，由於他先前反覆服藥的結果已經建立起了條件反射，所以身體會開始製造能夠緩解疼痛的相同化學物質。

影響安慰劑效應的第二個要件是期望。你開始期望藥物或治療能夠產生某些影響，一旦你選擇了這種可能性，你的身體就會為了迎接這個可能性而開始產生生理上的變化。醫生可以對安慰劑研究的受試者說：「我們要給你一

種藥物。」假如他表現得很熱切、很有把握，那麼緩解疼痛的效果就會更好。醫生的積極、熱情，會讓患者開始期待疼痛消失，此時他的身體便會自行製造嗎啡。

安慰劑的第三個要件是賦予意義。假如你說：「嘿，你瞧，這是你神經細胞末端的受體，而血清素就是在突觸間隙中被吸收*。這種藥物可以延長血清素停留的時間，所以能夠消除憂鬱。」你看著那張圖，然後賦予自己服用這顆藥錠的意義，於是產生出更好的效果。你越是了解事物運作的原理，它對你的意義就越深刻。

安慰劑效應的力量與潛力

我被安慰劑效應深深吸引住了，前後研究了近十年。

我認為這是治療師或醫生最應該了解的事情，因為這

---

* 編按：突觸是神經元（神經細胞）之間通訊的接頭，當中有非常微小的間隙。血清素會釋放到突觸間隙之中，跟血清素受體結合。當血清素受體無法正常接收血清素時，刺激就不能順利傳遞，從而讓人情緒低落，導致憂鬱症。

種治療方法沒有副作用。事實上，它的運作原理是建立在對治療潛力的信念之上。我們現在了解從止痛藥、抗憂鬱劑一直到外科手術，實際上都跟安慰劑效應或患者本身的信念有關，其中很大部分取決於社會對健康與疾病的定位，或是認為這些干預手段確實有效的信念。倘若我們能把這種心態上的轉變運用到其他地方，或是從根本上灌輸這樣的信念：身體天生就具有保持健康的能力，或是能夠與這樣的觀念同步，那麼不出幾週，甚至只要短短幾天，我們的身體就會有截然不同的感受。我認為這才是最強大的元素。

——凱莉・布羅根醫師

我曾在全球首屈一指的製藥公司工作，研發治療心血管疾病和癌症的藥物。比起科技，更讓我著迷的是測試藥物時所發生的事。在典型的藥物試驗中，你會讓一百名受試者使用藥物來證明藥效，還會讓另一百名受試者使用安慰劑作為比較，也就是對照組。在一百名用藥的受試者中，可能有七十五人出現好轉，而在使用安慰劑的受試者中有四十五人至七十五人可能也

有好轉現象，這並不是什麼新鮮事，因為他們認為自己也在服用該種藥物。我心想：「哇，太神奇了！」在一次次見證過相同現象之後，我開始專注研究安慰劑效應的不同層面。我希望能夠讓人們更了解身心之間的連結。

安慰劑效應非常強大，因為它證明了信念本身會改變生理機能。大腦就像是一家藥房，比如說，當有人認為自己需要緩解疼痛時，心智就會讓大腦在藥房中找藥，然後問道：「所有腦中的化學物質聽著，哪一個能如患者所願地緩解疼痛？」最後，有一種稱為「內源性鴉片」的天然嗎啡會釋放到體內。由於大腦能夠提供符合患者期望的物質，所以患者獲得了止痛效果。這是一個非常有力的發現，因為這代表期望、信念以及你的所思所想確實能夠引起體內的各種生理效應。

條件反射是指一個人的信念在幾天內被強化與放大。例如，患者可能使用嗎啡止痛二到三天，到了第四天，偷偷將嗎啡換成鹽水安慰劑，但患者仍獲得一定

程度的緩解效果──研究顯示，患者的信念經過前三天所形成的條件反射後，已經被強化了。條件反射確實能增強及鞏固緩解效果。如果你能找到一種方法來放大信念與期望，你就能更深入身體系統，帶來更強大的效果。

幾年前，有個醫生朋友告訴我，他在讀醫學院時，關於安慰劑效應的課程只有半個小時。這堂課只探討了開安慰劑的道德考量，完全沒提到信念、希望與愛的力量，甚至沒談到醫病關係對患者的影響。

──大衛・漢密爾頓博士

我會建議家長買一瓶維生素補充劑，並在瓶身上貼標籤：止吐藥、止痛藥或生髮藥，在孩子化療時讓他們服用。效果好極了，因為孩子對藥物有信心。我稱之為健康騙術。有人批評我給予患者虛假的希望，但到底什麼是虛假的希望？這是一句矛盾用語。我總是說：「還是有人中樂透啊，這是有可能的。」我試著告訴人們，那些能夠超出預期的人，他們是怎麼做

的。這不是不道德，而是很切實的做法。你確實擁有潛能。我愛死了這兩個字：潛能。

——伯尼・西格爾醫師

⋯⋯⋯⋯⋯⋯⋯⋯⋯⋯⋯⋯⋯⋯⋯⋯⋯⋯⋯⋯⋯⋯⋯

　　有幾位專家跟我聊過這樣的故事：有患者在被誤診後，真的出現了被誤診的疾病症狀。這稱為反安慰劑效應，由華特・甘迺迪（Walter Kennedy）在一九六一年出版的《醫學世界》（*Medical World*）中首次提出，用以描述與安慰劑相反的作用。後來，人類學家也沿用此一術語來描述信念的負面效果。換言之，如果有人說你快死了，而你相信這是真的，你的身體就會開始衰弱。瓊恩・波利森科告訴我，曾經有人被醫生宣布罹患第四期肺癌，只剩下六週生命。果然，這個人在六週後過世了。過了幾個星期，醫生重新檢查了他的片子，發現他根本沒有肺癌。真是一個致命的錯誤啊！

　　伯尼・西格爾醫師告訴我，一九八〇年代時，有位男同性戀者被告知 HIV（人類免疫缺乏病毒）的檢驗結果是陽性。他立刻相信自己生病了，而且他還曾看過朋友及媒

體上的許多人都死於愛滋病。於是，他的身體開始衰弱，顯現出愛滋病的各種症狀。一個月後，瀕死的他接到醫生的電話，告訴他檢驗室弄錯了，他的檢驗報告是 HIV 陰性，他什麼病都沒有！錯誤的信念、對未來的預期導致了他的身體日漸虛弱，後來新的診斷帶來正確的信念及預期，則讓他的身體開始好轉，短短幾週內就恢復了健康。

不要讓醫病關係成為治癒的絆腳石

> 負面思考會帶來什麼後果？它就跟正向思考一樣強大，都會強烈地影響你的人生，只不過是往相反方向推進。如同安慰劑（正向思考）能治好你的任何毛病，反安慰劑（負面信念）也能夠導致任何疾病或甚至死亡，只因為你相信它。
>
> ——布魯斯·立普頓博士

安慰劑的英文 placebo 源自拉丁文，意思是「我將康復」或「我將愉悅」（I shall please），而 nocebo（反

安慰劑）的原本意思則是「我將受到傷害」（I shall harm）。反安慰劑效應是指，當我相信這不會對我的治療有幫助時，病情就真的會惡化。有時候僅僅是醫生無意說出口的話，也會引起反安慰劑效應。我想，如果我能在醫學院開課，不僅要教導學生及醫生安慰劑效應，更要讓他們知道話語的力量。

——大衛・漢密爾頓博士

‧‧

　　當醫生根據統計學的鐘形曲線提出消極的預後評估*時，不但很有可能將患者推向一個不利的結果，進一步傷害患者，同時也奪走了他們的希望。比起告知實情並提供樂觀的可能性、成功的治癒案例，奪走他人希望不是更不道德嗎？科學一再證實，我們的信念與期望能夠影響自己的生理機能。科學也顯示，醫生的熱情與信念，會影響到治療結果或患者的康復情形，因為患者的信念仰賴的是醫生的信念，也跟醫生的信念綑綁在一起。

---

* 編按：預後，是對疾病未來的進展和治療結果的預測參考。

　　這些故事旨在告訴你要取得第二次或第三次的診斷意見，並且要警惕自己對醫生所說的話與態度抱持何種期待。就如凱莉‧布羅根在第一章所指出的，我們的醫療模式及健保規章迫使醫生必須每天為大量患者看診，將每位患者的平均看診時間壓縮到十分鐘。即便如此，在醫生看診時，也不要害怕提出問題，更不要忘了諮詢其他醫生的意見。在檢查過程中交談，可能會令人不自在，因此你可以等到檢驗結束後（把衣服穿好），留點時間在診間與醫生談一談，或者另外個別約診來討論病情。

　　假如你的醫生不耐煩或是不願為你空出時間，你就應該考慮去找其他醫生。除了注意醫生跟你的交流方式之外，上醫院求診時，還要找那些會把你的飲食、情緒、壓力及其他生活方式等因素一併納入考量的醫生。別忘了，是你主動地選擇醫生給你建議，所以你值得找個真心為你好的醫生。

　　我相信大多數醫生的出發點都是善良的，然而，我們還是需要找到能夠提出最佳建議，並且不辜負患者期望、願意花時間溝通及關懷患者的醫生。倘若你需要有人協助你提出正確的問題，可以諮詢有過同樣診斷結果的人，請

他們跟你分享經驗，以及提供任何可能幫你釐清自身狀態的提醒與建議。

你是否能自在地問醫生問題？你喜歡醫生跟你討論診斷結果與治療方案的方式嗎？當你想針對自己的病情，問一些更深入的問題時，會覺得時間很趕嗎？你的醫生是抱著樂觀、積極的態度，或是對你愛理不理、心態悲觀？

尋求支持，守護自己的希望

網路上有許多互助團體，剛開始可以先上 healthfind-er.gov/FindServices/ 網站，按健康主題及相關組織瀏覽。臉書（Facebook）是另一個不錯的選擇，在此可以找到一些有相同健康問題的人所組成的互助團體，並且打聽到可能的治療方法、可以激勵你的故事，以及認識一些不錯的治療師。如果你很擔心隱私問題，可以留意封閉式的臉書社團，裡頭的內容只有社團成員才能看到。此外，你也要隨時警惕那些企圖推銷商

品或要求捐款的團體，當然他們並非全是壞人，但多考慮一下組織背後的動機還是比較保險。尋找那些單純提供成員交流、分享資訊及相互鼓勵度過難關的團體，即便是在虛擬的世界，能夠經常跟有同理心的人交流，彼此了解所經歷的特殊處境，同樣可以成為你在療癒之路上所需要的助力。

. . . .

　　有時候，特別是在確診罹癌的情況下，醫生可能會催促你接受常規治療，真心認為這才是你的最佳選擇。切記，癌症不是一朝一夕會突然出現的病。你不妨多考慮幾天，讓自己靜下心來、深呼吸，試著沉澱內心翻騰的恐懼思緒，創造一個空間去傾聽自己的直覺，仔細研究一下，並且尋求第二次診斷。這麼一來，當你終於舉步向前時，至少有足夠的信心確保自己做出了最好的決定。

　　這本書的專家們一致同意，你應該盡可能尋求最好的醫療建議、接受正確的診斷，但預後必須靠你自己。不要讓任何人小看了你的能耐。自己做足功課，尋找正面的療癒案例，守護自己的希望！

「雖然沒人能回到過去重新開始，但每個人都能從現在開始，去創造出一個全新的結局。」

——卡爾・巴德（Carl Bard）

病情靠診斷，結果靠自己

我們賦予白袍醫師太多權力了。我記得曾經有位患者哭著走進診間，因為診斷跟預後評估很不樂觀，醫生又跟她說了這樣那樣的話。我說：「稍等一下，我馬上就回來。」然後我走了出去，拿件白大褂披上，再掛上寫著麥可・貝克維醫生的牌子。我走回去跟她說：「我是麥可・貝克維醫生，我想讓你知道，你的人生即將好轉。你就像接到了叫醒服務一樣地醒了過來，準備打破陳腐陋習的循環，而你將看見自己的身體開始轉變。」接著我拿起了處方板，說道：「我要你每天對自己說這些話、吃這些東西，三十天後再來告訴我有什麼感覺。」

患者破涕為笑，因為她意識到自己完全漠視了本身的
力量。這並不表示你不用去看醫生或聽從良好的醫療
建議，但假如你把自己完全交託給外在的權威人士，
基本上你就會淪為二次受害者——既是症狀及診斷報
告的受害者，也會被擺布你性命的權威人士所害。

——麥可・貝克維博士

你可以相信診斷（現在你應該開始做點改變了），但
不要相信預後。所謂的預後是指有人對你說：「你只
剩下三個月的生命」或「六〇％的人活不過半年」之
類的預測，那就像光憑年均溫就告訴你現在的溫度一
樣。如果你是紐約人，當地平均溫度是攝氏二十三・
五度，這並不能告訴你今天的實際溫度是多少，兩者
沒有相關性。沒有人能夠預測你的預後，所以為什麼
不選擇對你來說最佳的可能治療結果呢？再者，請認
清這個事實，根據現有的知識水準，與疾病相關的基
因突變只有五％是完全外顯，這意味著有高達九五％
的機會，是可以透過某些手段來改變疾病結果的。

——狄帕克・喬布拉博士

統計是冷冰冰的數字，而你是活生生的人。沒有人知
道你有多少能耐，或是你將走向何方。如果有人說：
「你這種癌症的康復機會不到一％。」這代表還是有
一％的人好好活下來，那麼為何不會是你呢？拿我研
究過的案例來說，這就是他們的反應。醫生都說他們
只能再活三個月，而他們說：「那好吧，如果只有不
到一％的機會，我就會是那個一％的其中一個，而且
一年後我會回來告訴你，你錯得有多離譜。」我愛死
這種反嗆了，因為這表示他們願意為了康復去努力改
變一切。每個人的治療方式不盡相同，但這些人都願
意跨出去面對過去的黑暗、檢視不理想的飲食習慣、
審視不健康的人際關係。他們願意去找出能讓免疫系
統盡可能恢復理想運作的任何事物，而只要他們願意
走到哪裡，就能到達那裡。

——凱莉・透納博士

我沒辦法告訴你，在我們合作的病人中有多少人曾經
被下了「只剩下半年或三個月可活」的詛咒。醫生都
要他們備好文件、把後事交代好，因為他們活不久

了。這些人不願意在未經任何分析的情況下就接受、相信及屈服於這種念頭，讓自律神經系統走向既定的命運。他們會說：「等等，我覺得我能做些改變。」結果，有些人的疾病消失了，有些人兩年後依然健在，而且還在不斷好轉中。

我認為，對人們來說，取回自己的部分力量是相當重要的事。置身在這樣的資訊年代，無知是一種刻意選擇下的結果。在二十五年到三十年前，你去看醫生時，醫生會說你有某些症狀，然後他會接著說：「你需要採用這些治療方法。」多數人只會在虛線上簽名，然後回答：「好，就用這種療法。」時間推進到現在，當患者拿到診斷後，醫生會告訴他們有哪些治療選項，然後他們回家後，會花好幾個小時上網搜尋該病症的相關資料，把常規療法、非常規療法及治療步驟都研究過一遍。接著，他們回到醫院，跟醫生說：「嘿，我有個想法。我想試試這種或那種治療。」而醫生可能會回答：「我對這種療法不熟」或是「我覺得應該沒有效」。人們現在會看著醫生說道：「我

該換個醫生了。我想找個願意支持我、替我想要的生活方式背書，並在一旁協助我做出改變的醫生。」

在此要提醒你的是，我們會告訴所有學員：他們必須自己做評估。換言之，這麼做不是為了否定常規醫療，而是為了取得更多資訊。這意味著，如果評估後的可行性高或是經初步判斷合適，可以先試行三個月，看看進展如何。我們會在三個月後做一次評估。假如狀況持平或是有所好轉，我們就能繼續下去，或者加入其他一至兩種治療手段。如果病情惡化，就必須多採取一些基本的常規療法，幫助你達到某些改變。所以這不是要掩蓋資訊，而是實際觀察你能否真的取得特定效果，並加以評估好獲得反饋。

很重要的一點，拿到診斷結果後，不要在尚未考量其他選項，以及尚未真正意識到自己必須有所改變、必須做出新選擇、必須超脫某些情緒並克服自我設限之前，就陷入預後評估的折磨之中。假如能夠理解這點：只要自己有辦法改變就能帶來更多的可能性，同

時開始見證生命中所出現的各種奇蹟。

—— 喬．迪斯本札醫師

. . . .

奇蹟比你想得更近

好幾個世紀以來，全世界的人都普遍認為不可能有人能在四分鐘內跑完一英里。一九五二年，英國跑者羅傑．班尼斯特（Roger Bannister）在奧運奪下第四名之後，下定決心要成為在四分鐘內跑完一英里的第一人。兩年後的一九五四年五月六日，這名二十五歲的牛津大學醫學院學生以三分五十九．四秒的成績跑完了一英里，從此稱為「奇蹟一英里」。

雖然這個成績確實是一項前所未有的創舉，但我更喜歡故事的另一部分，那就是在僅僅四十六天後，澳洲跑者約翰．藍迪（John Landy）就超越了羅傑的成績，刷新了一英里的新紀錄。很快的，其他跑者也陸續跑進四分鐘以內的成績。羅傑打破了信念的窠臼，讓其他人因此相信自己同樣辦得到，而他們也確實成功了！對於人類的身體及

精神力量而言，這都是出類拔萃的證明。

「我勇敢！我不怕面對跑道上的任何人。我相信這不
是夢，這是我的現實。」

—— 羅傑‧班尼斯特

你能將羅傑‧班尼斯特的精神套用在生活中的哪些層
面？生命中的哪些部分讓你感到無力改變？你該如何打破
這種認知？要怎樣做，才能將不可能化為現實？

醫療專業人士的出發點都是良善的，他們會成為醫
生、護理師、照護者或選擇投入醫療領域，大都是因為他
們有助人的信念，並且懷抱著拯救生命的強烈渴望。但並
非所有人都了解話語的力量，也可能不知道他們的態度對
於患者有何影響。因此，有不少患者在看診後，感受都比
看診前更絕望。

我們有必要重拾自己的力量，並且為自己的健康負起
更多的責任。專家與專科醫師能協助我們診斷疾病，但我
們應該有權利去尋求第二次診斷、自行搜尋資料，從中探

討我們能夠改變的著力點。如今已經有越來越多可用又負擔得起的替代療法，而隨著這些療法逐漸成為主流，互助社群也越來越多。正如狄帕克・喬布拉與喬・迪斯本札醫師告訴我們的，九五％的疾病都能透過某些手段來改善，而且完全康復的可能性確實存在。就像許多人挑戰了原先設想的發展，從而鋪出一條通往新可能性的大道，你一樣能成為生命的主人。我們生活在一個充滿無限可能性的世界，專注於你想要的結果，你將會驚訝地發現原來自己離目標這麼近。

第四章重點整理

- 安慰劑效應的三大要件：條件反射、期望及意義。這種現象相當強大，因為它證明了正向信念能夠改變生理機能。假如你找到一種能夠強化並放大信念和期望的方法，就能更深入地進入身體系統，取得更強大的效果。

- 反安慰劑效應是指，消極的負面信念與缺乏希望確實可能導致疾病，甚至死亡。

- 一定要尋求第二次或第三次診斷；同時自己也要找資料、做功課。尋找一個願意成為你的盟友，並花時間跟你一起探索更多選擇的醫生。
- 向有類似病症的人尋求幫助，或是加入線上論壇，跟其他有類似病症的人分享資訊。
- 盡可能找最優秀的醫學專家幫你診斷，但預後必須靠自己。不要簡單地對某人所建議的方法照單全收，請將所有可能選項都納入考量。要勇敢，專注於你想要的結果，並相信你有能力戰勝疾病。

踏出重要的第一步

「接受，然後行動。無論當下是什麼樣子，接受它，就彷彿是你選擇了它一樣。永遠與它合作，而不是抗拒……這將奇蹟般地改變你整個人生。」

—— 艾克哈特・托勒（Eckhart Tolle）

　　我訪談過的所有靈性導師，都談到要活在當下。想要獲得自由、和平、恩典、指引與啟迪，先決條件就是活在當下。本書的專家們一致認為，當我們再次經歷過去的懊悔與怨恨，或是想像未來可能遭遇到的惡劣處境，壓力就會產生。接受每個當下的你，是自由與療癒的起點。

　　我之所以寫這本書及製作《治癒》紀錄片的原因之一，就是為了改變我們對於某些疾病診斷的觀念。癌症是讓人陷入恐懼漩渦的一種疾病，我們總會不由自主地把癌症與絕症畫上等號。退化性及自體免疫疾病，例如肌萎縮性脊髓側索硬化症（ALS，俗稱漸凍人）、多發性硬化症（Multiple sclerosis, MS）、萊姆病與類風濕性關節炎等，

也都會引起類似的絕望反應。

這一路走來，我聽過不少患者的描述與見證，在不同階段的各種重症患者中，都至少會有一個完全康復的案例，也包括肌萎縮性脊髓側索硬化症在內。因此，的確有可能打破對於這些疾病是不治之症的迷思。倘若這其中存在著痊癒的可能性，那麼我們越是將能量專注於潛能及可能性之上，就越能扭轉自己對這些疾病的恐懼。恐懼與壓力只會阻礙免疫系統，加速疾病的發展。我們需要打破恐懼、停止抗拒，開始講述一個不一樣的新故事。

真正讓你痛苦的根源

你到外面走一圈，會發現每個人都有一堆問題。不對，不是他們有問題，而是他們會不斷去抗拒當下的處境，自我意識一直不肯接受現狀。「他們不該跟我說這種話」、「那部車子不該停在我前面」、「我不該生病」……這就是痛苦的來源。我們無法與生命和諧共處、不肯接受人生。我們的不適感就是由此而

來，這是疾病的前兆，接下來便會具體地顯現在我們的生理機能上。這就是為什麼我會喜歡使用「不適」（dis-ease）一詞來指稱疾病。

假設有位醫生走進來說：「很抱歉，我有個壞消息。你的檢驗結果出來了，是惡性腫瘤，你得了癌症。」這個消息就只是訊息，實際上不會改變任何事，只會影響你的感受，讓你產生恐懼。然而，這種恐懼是虛構的，是源自你對最壞處境的想像。**痛苦會被創造出來，是因為我們在訊息上加上了自己嚇自己的故事。**接受，是所有療癒與自由的第一步。現實已是現實，而自我意識希望現實不是如此，因此我們才會感到痛苦。接受，代表你突然之間能夠與生命和諧共處，接下來當然你就能選擇自己想要做什麼。人生很簡單，只是在作為或不作為之間做選擇。大多數人兩者都不選，只是不斷抗拒。他們會抗拒不想要的處境、挫折、憤怒，抱持著受害者的心態，而所有情緒都是帶有能量的前驅物質，終將導致他們的處境一直延續下去。

──彼得・克隆

我們不是受害者，而是創造者。假如將壓力帶進生活中，就會出現疾病。如果消除生活中的壓力，就能消除疾病。自發性緩解是真有其事，人類可能罹患惡化最快的癌症，即將踏上人生終點，但又能在一夕之間擺脫癌症。怎麼辦到的？不是改變遺傳基因，而是改變對於生命的觀點與信念。

——布魯斯・立普頓博士

．．．．．．．．．．．．．．．．．．．．．．．．．．．．．．．．．．．．．．．

我們需要接受現實，這可能也包括令人痛苦的一個診斷報告。抗拒當下正在發生的事，會耗損我們可用於療癒的珍貴能量。然而，我們不需要去接受對預後的評估，也不需要去呼應某人認為會發生在我們身上的事。凱莉・透納在研究中訪問了許多對癌末預後嗤之以鼻的人，他們都說：「我才不會被打敗。」這並不是在否定診斷報告，而是用健康的心態來跟預後評估奮力一搏；還是那句話：「你不買帳，它就不會成真。」他們接受生活中正在發生的事，同時下定決心去改變一切，並且努力去尋求治癒所需要的任何東西。

　　想像一下，要將一塊大石頭推上山頂，沿路都必須對抗地心引力，這會消耗大量的體力。現實就是那塊大石頭，而你所對抗的地心引力則是大自然的智慧，它正在試著指引你靈魂進化的方向。當健康情況欠佳時，我們禁不起能量的浪費，也不該放任恐懼與抗拒去抑制免疫系統。我們必須接受當下的處境，相信它會帶來珍貴的訊息；我們必須為自己的健康負起責任，必須尋找互助團體的支持，同時必須成功改變生活方式、排解壓力，以及妥善處理情緒與核心信念。這才是真正的整體療法。這條道路的挑戰，在於需要我們的承諾與勇氣。遺憾的是，在當今便利又快速的社會中，我們很容易掉進快速解決問題的陷阱之中。

　　在你的生活中，你能辨識出你在抗拒哪些東西嗎？你能採取什麼行動來接受你目前的處境？你能改變對這個環境的看法嗎？你可以從抗拒及受害者的心態，轉變為一種好奇心，去探索當前處境要帶給你的訊息、教誨或禮物嗎？

藥物的另一面真相

世界各國在醫療保健上投注了大量的金錢，但得到的相關數據卻差到極點。問題在於，製藥業是一種營利性質的公司產業。什麼是公司？那是讓人們投資賺錢的組織。

──布魯斯·立普頓博士

西藥是一筆大生意。我不喜歡妄下評判，但對我而言，我認為人們必須了解這是一種買賣。倘若西藥製造業真是無私地為了人類的健康著想，那麼各大藥廠在業績下滑時就應該高興慶祝才對。雖然我不在製藥業工作，但我不認為這種事情會發生。西藥體系可以賺進大把鈔票，因為他們一方面會讓人繼續活著，一方面會讓症狀持續存在，而不打算找出患者身體為何會失衡的根本原因。

──彼得·克隆

我在查驗藥品時，發現了一種普遍的模式。我們被告知身體出了問題，而這個問題，可能不像我們被告知的那樣實際存在。接著，為了消除我們因為發現問題而產生的恐懼，醫生會開藥。我們手上的藥物號稱能夠解決問題，但當你深入研究相關文獻，就會發現原本應該用來解決問題的藥物，實際上卻會讓應該消失的問題持續存在。

就我們目前所知，抗憂鬱藥以及其他精神科藥物就是如此，都會導致長期的抑鬱問題。研究文獻中，將這種現象稱為「遲發性憂鬱」（tardive dysphoria）。就連制酸藥物也一樣，可能會在你停止服藥後誘發更嚴重的病理性胃酸分泌。這是身體對適應產生的一種自然傾向，當你透過服藥引入一種慢性化學物質時，身體會盡可能去適應變化並創造出一種新的常態。

我們明白了這個道理，就必須研究這樣的效益何在。這些藥真的有用嗎？是否值得承擔背後的風險？結果顯然更使人憂心，因為已經有許多證據顯示這些藥物

的效果未必比安慰劑好。當然，安慰劑不會帶來這些
風險。

我認為，每個病人都有權利充分了解藥物的風險、好
處及其他替代方案。遺憾的是，今天大部分的醫生都
無法跟病人進行這樣的對話，因為我們能接觸到都是
經過挑選、真正支持製藥業的文獻。

——凱莉·布羅根醫師

我對藥商沒什麼成見，因為在幫助患者重建化學平衡、
恢復健康這方面，他們的確做了一件了不起的事。我
的問題是，我並不確定我們是否真正了解自己有多強
大，因為真相一旦說破，藥就賣不出去了。因此，我
對各種藥物的療效以及公開發表的研究報告都會心存
懷疑。通常情況下，沒有實質證據可以證明藥物有效
的研究，無法被收錄到科學資料庫中。假設有三十八
篇針對某藥物所寫的論文，能公開發表的或許只有十
八到十九篇，而無法帶來市場成果的論文都不在其
中。現在大眾對資訊的掌握度越來越高，可以靠自己

去發掘真相，所以我認為這些情形都會逐漸透明化。

——喬・迪斯本札醫師

. . . .

　　有機化學家大衛・漢密爾頓曾在製藥業服務過，他為我說明了藥物的製作方法。藥廠的科學家從大自然的某種植物中，可能萃取出一百種不同的化合物。比如說，他們發現其中或許有一至三種的化合物或物質具有良好的抗發炎效果。接著，有機化學家取得這幾種物質，在保留相同幾何結構的前提下去測試各種不同的變體，最後發現其中一種變體的功效比原來的物質好上數百倍。最後，便將成果申請專利並製成藥物。

　　大衛解釋，在自然界中，這種植物的上百種不同化合物都各有作用。以自然界中完美的數學比例呈現時，其中一至兩種可以帶來效益，而其他物質則能夠減輕附帶產生的損害。大自然會以這種方式來避免產生副作用，但是透過化學合成方式製成的藥物就不一定了。藥物的副作用相當普遍，而且通常會造成身體的危害，與其他藥物合併使用時更是如此。此外，藥物的副作用對身體的危害，可能

更甚於藥物原本所要解決的問題。

　　大衛對於自己在製藥業的角色感到幻滅，最後決定轉換跑道。「我起初是以年輕科學家的角色投身其中，因為我想要治癒癌症。我大多數的朋友、製藥業的同事以及其他的科學家們，也都一心一意地想要拯救生命。」他告訴我，「可是，一旦你爬上高位後，目標就開始變了。」

　　本書的重點在於要大家保持覺知，而不是批判。但我認為我們應該記住，製藥業是一個以營利為目的的產業，民眾的身體越健康，他們賺的錢就越少。同時也必須意識到，在牽涉到大量金錢的地方，保護利益的手段就不會那麼透明了。某些不利的研究無法公開發表，就反映出了這一點。

　　也就是說，並非所有藥物都是不好的！我們相當幸運，可以取得某些效果驚人的藥物與診斷技術。在處理感染、重症或重傷等急性病症時，止痛藥與某些藥物能夠阻止出血問題並挽回性命。緊急情況下，某些藥物及手術干預能使我們的生命恢復穩定，回到可控的狀態，讓我們得以接著協助身體自然痊癒。

　　但對大多數的慢性病而言，因為許多藥物會造成多種

有害的副作用，可能加重身體失衡的情形，進而需要使用更多藥物來消除副作用。最後一點，根據約翰・霍普金斯大學的研究，醫源性疾病（iatrogenic illness，由醫療行為所產生的疾病或傷害）已成為美國人的第三大死因，僅次於癌症與心臟病[10]。為了讓我們拿回自主權、重拾身體的自癒力，並且根據充分資訊去做出最佳的判斷，在做決定之前，務必要全盤了解情況。

「只有把身體的病痛與世界的問題視為包裹在奇特包裝紙中的禮物，我們才能踏上靈魂覺醒的進化之旅。」

——戴倫・魏斯曼醫師

. . . .

疾病是信使，需要用心傾聽

還有一個更大的問題，那就是當你選擇使用藥物來消除症狀時，還要付出什麼代價？有個故事我很喜歡，講的是一隻毛毛蟲掙扎著想破蛹而出，但蛹上只有一個小洞，路人覺得毛毛蟲很不容易，於是拿出剪刀把

蝶蛹尾端剪掉。毛毛蟲雖然順利化蛹成蝶，卻一直飛
不起來，最後死去。因為牠必須經過一番掙扎後破出
蝶蛹，才能獲得飛起來的力量。也就是說，牠的身體
必須歷經考驗，才能化為一隻真正的蝴蝶。

——凱莉·布羅根醫師

人們正在經歷一場生存危機。他們身上有些東西正要
試著甦醒。他們必須自己度過焦慮，但卻有人給他們
藥物硬把焦慮壓抑下去。緩解焦慮不代表就能恢復平
衡，因為有時候我們就是需要焦慮、不安及痛苦，才
能一窺背後藏著什麼。

很多時候，我們有部分的舊身分會崩解，好讓新的自
我浮現出來。在這種時刻，我們會感到害怕，所以想
藉由藥物或某種能麻痺、隔絕自我並阻礙創造力的東
西來阻斷恐懼。那些危機或診斷結果，有時其實是宇
宙在告訴你：「嘿，醒過來。」我們不應該透過各種
「解藥」，例如大吃速食、瘋狂採購、抽菸、酗酒，
或是服用藥物來麻痺自己。我們應該停下來、審視自

己並提出正確的問題，這樣我們才能真正改變、轉化，成就更偉大的自己。

——麥可・貝克維博士

有些時候，西藥是人類的一大福音，但我們卻常常默許為了吃藥而吃藥的行為，因為在某種程度上，我們沒有更好的選擇。西方世界把疼痛、症狀或疾病當成問題，但身體的疼痛、症狀與疾病其實是通往潛意識的入口。以開放的心態，將你正在經歷的人生事件視為一種反饋、一場對話，而不是鬥爭、挫敗或需要解決的問題。真正的挑戰在於，這場與疼痛或疾病的對話，使用的是多數人不熟悉的語言。

肩膀疼痛，很可能是你八歲被霸凌留下的後遺症。消化困難的癥結，或許是你三歲時多了個弟弟或妹妹，分身乏術的母親讓你感到被人遺棄了。下背部疼痛的源頭，可能是你還在母親子宮時，母親有過相同的感覺。細胞是有記憶的，當有些記憶被喚醒時，就會導致我們根據不同的經絡而產生反應。因此，與其去消

除症狀或對抗症狀，我們更應該將症狀視為信使。症狀、疼痛或疾病都是在對你傳達訊息，而這些訊息強大又深刻。不要扼殺信使。信使透過症狀及壓力來傳達訊息，是愛自己的行為。我們要以五大基本原則來回報信使：充足的水分、優質的食物、充分休息、適度運動以及擁有自己的力量。這是你打開自癒潛能的一把鑰匙。

——戴倫‧魏斯曼醫師

在我訪談完全緩解的癌症患者時，也會跟他們的替代療法治療師談談，其中包括一位夏威夷的卡胡納（Kahuna）治療師*、幾位中國傳統中醫師、印度的吠陀治療師及阿育吠陀治療師。他們全都表示，身體不只是用來處理食物，還能幫我們處理情緒。例如，傳統中醫理論認為，肺主悲、肝主怒，不同的器官系

---

* 編按：卡胡納屬於夏威夷的上層階級，是當地對工匠、專家、僧侶、藥師、教師及其他智者的總稱。傳說中有四位卡胡納具有治癒百病的神奇能力。

統負責處理不同的情緒。換句話說，如果你累積了許多悲傷，你的肺可能就會出問題。從傳統中醫的觀點來看，罹患癌症的部位通常代表該部位掌管的情緒處理不當。以甲狀腺癌或喉癌來說，可能與第五脈輪（喉輪）有關，表示你需要找回自己的聲音並且勇敢發聲。

——凱莉・透納博士

在跟本書的專家們訪談過後，我更確信人體是一個充滿智慧的系統，我們的生理機能與思維、情緒及意識息息相關。身體是我們最大的盟友，會持續與我們溝通，試圖在我們靈魂進化的過程中支持我們。古老的傳統認為，不同情緒會分別對應到不同的器官，而不同的身體部位則會透過經絡與不同的器官相聯繫。這是許多整合醫師、薩滿、阿育吠陀治療師及中醫師正在破解的密碼，而且顯然的，所有的聯繫及互動都是確實存在的，也都有其意義；我們只需要學習如何像潛意識一樣，去讀懂身體的語言。身體是多麼迷人又充滿智慧的系統啊！

解讀自己的身體訊息

我們可以透過許多種模式來解讀身體及潛意識的語言。應用肌肉動力學（或稱肌肉測試）是解讀症狀或疾病根源的方法之一，一九六四年由整脊醫師喬治・古德哈特（George Goodheart）所開發。他發現人體的每條肌肉都各自連結到不同的經絡，這是傳統中醫所界定的能量通道，而這些能量通道也會與身體的各大器官與腺體連結。事實上，我們就像一幅精細複雜的大拼圖。

肌肉測試是一個有用的工具，但尚未被科學界完全接受，因此就像許多其他方法一樣，難免會有人質疑。我曾與許多整體療法及整合醫師共事過，他們在診斷疾病、找出身體失衡或感染的根本原因，都有非常好的成效，而常規檢查往往做不到。想要找到合格的相關從業人員，可以上國際應用肌動學院（International College of Applied Kinesiology）的網站。

戴倫・魏斯曼開發出一個稱為「生命線療法」（Lifeline Technique）的心靈醫學系統，就是透過肌肉測試的手段，來獲取深藏於潛意識與身體中那些尚未解決的情緒與

創傷。戴倫說：「肌肉測試，是我到目前為止所發現的一個最有效的檢驗方法，可以了解你的生活是從什麼時候被恐懼入侵，我們也能藉此找到問題、疾病及負面行為模式的根源。」

戴倫進一步解釋，肌肉測試其實只是一種反射作用，就像光照進眼睛會引起瞳孔反射，或是敲髕骨肌腱會踢動膝蓋一樣。你要不是主動去靠近某些事物，就是反射性地因為恐懼而逃離某些事物。神經系統的運作方式是：交感神經負責戰或逃，而副交感神經則負責療癒、再生與放鬆。肌肉測試非常簡單且人人適用，可以幫每個人找出過去未處理的舊創傷在什麼時候引動了情緒，是否有某種物質使身體變得虛弱，以及能量通道或器官系統是否受到阻塞或被削弱。

一旦找到問題的根源，戴倫就會透過獨特的技巧來處理受到阻礙的情緒，並疏通淤塞的能量。他曾見過各種疾病的患者得到改善或康復，包括癌症、帕金森氏症、躁鬱症、憂鬱症、嚴重過敏及自體免疫疾病等。

量子反射分析（Quantum Reflex Analysis）這種全面性的診斷檢驗，也是透過應用肌肉動力學及人體的生物能

量場（bio-energetic field）來診斷營養失調、身體虛弱及失衡等毛病。希塔療癒與快速信念改變法，是另外兩種運用肌肉測試來進行治療的替代療法。

再來看看催眠療法，這是一種可以用來解釋與破解身體訊息的方法。根據史丹佛大學整合醫學診所表示：「催眠是一種誘發注意力高度集中的正常狀態，就好比完全沉浸在電影或小說的情節中，以至於喪失了對周遭環境的覺知。」[11] 催眠療法利用催眠使患者脫離理性思維，找出是哪些情緒創傷導致了成癮行為、慢性疼痛或癌症等身體病痛，或是像創傷後壓力症候群（PTSD）與憂鬱症等心理健康問題。一旦治療師找到根源，就能引導患者重新去架構誘發身心問題的過往事件，並有效地將潛意識重新設定為健康狀態。

催眠療法非常有效，甚至有婦女在生產時選擇催眠療法來降低疼痛。休士頓的安德森癌症中心（MD Anderson Cancer Center）也成功地在手術過程中使用催眠，來減少麻醉藥的使用。許多研究都證實催眠能減少疼痛、焦慮與成癮問題，進一步表明我們的潛意識與身體健康確實是息息相關的。

「人生會為你帶來最有助於意識進化的一切體驗。」

——艾克哈特・托勒

健康危機有可能是最棒的禮物

就我所知，如果你與癌症患者聊天，他們會告訴你，他們所收過最棒的禮物就是癌症診斷，因為這改變了他們的一切，也讓他們有機會去放手、去信任，以及去相信。它能夠教會你很多事。

——羅伯・威爾根（Rob Wergin）

我記得當我重返人間後，即使生活中碰到負面的體驗，我也會因為有機會經歷而心存感恩。我們所有的體驗都是禮物，因為是我們自己選擇來到這裡去體驗人生的。如今我回頭看，就連得了癌症都是給我的禮物，因為它使我成為今天的自己。

——艾妮塔・穆札尼

事後看來，即便是我人生中最黑暗的時刻，都對今天的我有所貢獻，所以我心懷感謝。

——彼得·克隆

人們在危機中成長。如果你問智者他們是如何成長的，大部分的人會告訴你，他們生過重病或是曾經失去孩子或是離婚。不管發生什麼，不外乎是人生脫離了原來的正常軌道，讓原本的局面分崩離析。無論面臨何種難關，危機與轉機的美妙之處，就是會摧毀你的生活——你曾經告訴自己的所有故事，以及你用來維繫現實的方式。

這就像神話學家約瑟夫·坎伯（Joseph Campbell）所描述的「英雄旅程」（幾乎好萊塢的每部電影都在套用的公式），昨天的你死去後，才能在一個全新層次上去重新塑造今天的你。物理學家伊利亞·普里高津（Ilya Prigogeine）曾以耗散結構定律（Law of Dissipative Structures）獲得一九七七年的諾貝爾化學獎，他說：「所有層次都是如此：如其在上，如其在下。

從分子到宇宙的遙遠盡頭，萬物都會被分解，因此能在更高層次上重新配置。」

——瓊恩·波利森科博士

中文的「危機」是由「危險」與「機會」組成，我認為這非常貼切地詮釋了我們所說的，疾病與危機是我們最大的禮物。有些時候，宇宙只要輕輕推我們一下，我們就會醒過來；但有些時候，就如貝克維醫師所說的，宇宙必須給我們當頭棒喝，才能喚醒我們的注意力。無論是哪種情況，為了成就最偉大的自己，我們必須經過靈性的淬鍊，有時也免不了肉身的煉化。

真實案例分享：伊莉莎白·克雷格的故事

伊莉莎白·克雷格（Elizabeth Craig）非常注重養生，她不僅幾乎不沾葷腥，還採行生機飲食，另外也研究及練習瑜伽，連針灸都親自試過。然而，她的人生並非完全沒有壓力。二〇一〇年她結婚後，就放棄了工作跟朋友，也

從佛羅里達搬到了加州的公寓。二○一一年，她的母親因為癌症驟逝，伊莉莎白非常傷心；接著，她的婚姻與家庭生活同時直墜谷底，她傷心、孤單、怨恨又恐懼。伊莉莎白持續做瑜伽並試圖保持樂觀，但就在這時候，她經常頭痛、噁心，最後才意識到身體真的出問題了。

「一年內我去看了三次醫生，每次都接受不同的檢驗。」伊莉莎白說：「但答案永遠都是『你很好，沒什麼問題』。所以第三次，我就乾脆告訴醫生，我的結腸底部和直腸連接的地方非常痛。醫生幫我做了乙狀結腸鏡檢查，果然問題大了。」

一開始，醫生判斷她罹患二期或三期癌症，但正子掃描（PET scan）顯示癌細胞已經擴散到幾個地方，包括她的肝臟。最後她非常震驚地被告知，自己罹患了肛門癌末期。伊莉莎白從來沒有聽過有癌症末期患者能夠活下來，她簡直嚇壞了，馬上飛到紐約的紀念斯隆·凱特琳癌症中心（Memorial Sloan Kettering Cancer Center）進行二次診斷。她告訴我：「我一直以為自己生活得很健康，即使我母親因癌症過世，我還是很難相信自己會得癌症。」

二次診斷同樣確認了她的診斷及預後，伊莉莎白被催

促著做化療與放射線治療。她得知化療與放療的療程至少要兩年，然後才能開刀，開完刀後要再繼續化療。根據該種癌症末期的統計數字來看，存活率只有三％至一〇％。因為她對針灸有所認識，也對自然醫學非常熱中，於是她毫不遲疑地喝起了蔬果汁，也開始接受整體療法。「我哥哥是火箭科學家，他跟我說：『伊莉莎白，你已經喝了一輩子的蔬果汁了，再繼續喝下去也救不了你。你現在是癌症末期，不接受化療就別想活了。』」過了一個半月後，伊莉莎白才決定開始化療。

與此同時，伊莉莎白也決定採行所有能幫助她康復的替代療法，並將過程記錄下來，希望自己的經歷能夠幫助其他人。首先，她諮詢的是一位量子反射分析醫師。經過檢驗後，醫生發現她先前做的牙齒根管治療導致了長期的感染（事實證明，有相當部分的癌症患者之前在做根管治療時，未經徹底清潔就開始補牙了。一旦齲齒不再獲得血液供給而開始出現慢性感染，就會不斷增加免疫系統的負擔，使得癌細胞在身體其他部位成長與增殖）。於是，伊莉莎白拔掉了齲齒，清除感染源，並開始為肝臟、膽囊及腎臟進行徹底排毒，以排出體內的毒素。她還去了愛德國

際心靈中心，從麥可‧貝克維的布道中獲得鼓勵及力量。
伊莉莎白回想：「似乎只要我走進愛德，貝克維就會傳達
我所需要聽到的訊息。」

　　愛德國際心靈中心堅定了她的信念，同時在親朋好友
的支持下（他們一起開了 GoFundMe 帳戶來幫她籌募不
斷增加的醫療費用），伊莉莎白決定開始接受化療。其中
一位腫瘤科醫師表示，針對她的癌症類型與階段，一共有
五種化療方案，醫生們決定要逐一嘗試。他說：「如果第
一種方案不成功，我們再試第二種，以此類推……不用擔
心最後一種沒用怎麼辦，呃……你大概拖不了這麼久。」
（聽起來夠嚇人吧!?）他接著把一包 M&M´s 花生巧克力
遞給她，說道：「你的任務就是保持體重，自助餐廳有大
號的乳酪漢堡。」伊莉莎白愣住了，然後她轉頭向陪她一
起來的友人比了個手勢，意思是「買單走人」。

　　隨後，她找了另一名腫瘤科醫師；並在三家醫院諮詢
過三位腫瘤科醫師後，終於找到了一位支持她採行整體療
法的醫生。

　　在新的腫瘤科醫師診間前，她偶然碰到了靈性心理學
治療師黛安‧波奇亞（Dianne Porchia），黛安把名片遞

給她。「我會找上黛安，本來是想要能夠毫無恐懼地死去。因為我很怕死，而每個人都說我存活的機會渺茫。」伊莉莎白說：「幾次諮詢過後，我開始感覺到神奇的巧合，或許說是奇蹟。」她第一次接受黛安的心理諮商那天，才剛剛接受第一次化療，身上還帶著四天份的化療藥物，這是她癌症療程的第一個難關。

伊莉莎白認為化療藥物跟毒藥無異，做化療等於讓毒藥長驅直入，不過黛安開導她說：「這是可以治療你的藥，對你有好處。」她幫助伊莉莎白把化療藥想像成標靶藥物，就像電玩裡的小精靈（Pac-Man）不斷吞噬掉癌細胞，同時確保所有健康細胞與組織的完整。黛安賦予化療藥新的意義、新的觀點，從本質上幫助伊莉莎白重新建立對化療藥的信念。

「化療藥小小一包，所以我把它戲稱為『藥包小弟』。」伊莉莎白邊說邊笑。「黛安確實幫我改變了心態，讓我把它視為能治病的藥，而不是毒藥。」

伊莉莎白與黛安每週見兩次面，目標是在捨棄舊的行為模式及思考模式，並把伊莉莎白充滿壓力的內心狀態轉變為平衡又健康的心態。

　　伊莉莎白驚訝地發現，雖然自己看起來開朗又大方，但孩提時期的負面能量及未能處理的創傷卻像影子一樣緊跟著她。黛安幫伊莉莎白發現到，她讀小學時有過一次不太好的經歷，讓她發展出一種認為自己是差勁的、可悲的信念。日復一日，這種信念就在她的生活中持續創造並吸引類似的體驗，更加讓伊莉莎白肯定「我是差勁的、可悲的」想法。

　　這是潛意識在作祟，因此她無法意識到，也不了解這種消極、不自信的信念正在主宰著她的人生選擇。

　　「我不知道自己居然會有這樣有害的心態。我從來不想成為他人的負擔，所以對我來說，付出比索求更容易。我必須學習如何去尋求他人的幫助、學習如何溝通，以及學習如何去愛人與被愛。當你確診罹癌時，很多人會突然跳出來告訴你，他們有多愛你。這種感覺真好，比什麼都有療癒效果。」

　　接下來的六個禮拜，伊莉莎白去聽了艾妮塔·穆札尼的演講，深深受到啟發，也帶給她很大的希望。這是一次相當關鍵的經歷，她開始相信有機會戰勝癌症，她還看了紀錄片《去你的癌症》（*Crazy Sexy Cancer*），以及《安

寧、愛與療癒》（*Peace, Love and Healing*）與《癌症完全緩解的九種力量》等多本心理勵志書，一再地鞏固她認為自己可能抗癌成功的信念。

　　此外，她還參加一個稱為「Daré」的互助團體，也前往印第安人的汗屋，向薩滿巫醫拿了一碗菸草帶回家，用來吸收所有的恐懼及負面想法。這種種體驗不斷重複著同一個中心思想：只要她能擺脫恐懼、負面的想法及情緒，就有可能戰勝癌症、重獲健康。

　　在第一輪化療快結束時，伊莉莎白身體特別虛弱，因此致電黛安取消約診。後來黛安特地開車到伊莉莎白家裡，發現伊莉莎白蜷曲在地板上不斷發抖。她的體溫飆到了攝氏近四十度，因此立刻把人送到醫院。醫生及護士幫她注射了一袋又一袋的抗生素，還為她鋪上了冷敷袋，但都不管用。

　　伊莉莎白回想：「當時我可以聽到自己的心跳，就像水跟空氣在我的耳朵裡流動一樣，震耳欲聾。高燒還在持續著，護士忙進忙出，我不禁想是否已經走到了人生盡頭。二十四小時後，我才清醒了過來，發現我哥哥拿著筆電站在玻璃牆的另一側。他讓我看臉書上有超過一百個人

正在為我祈禱。我心想,哇,太神奇了,我幾乎能感受到那些充滿關愛的祈禱能量。」

伊莉莎白在完成第一輪化療與放療後就出院回家,一個月後,她回診時做了正子掃描,以便確定治療是否有效果。她的恐懼全寫在臉上,腫瘤科醫師請她坐下後開口說道:「你的掃描結果,顯示一切正常。」癌症消失了。原本以為需要至少兩年的積極治療,而且存活率只有三%至一〇%的癌症,短短幾個月就完全解決了。

伊莉莎白說:「我又哭又笑,醫生還說他們當初一定是誤診了。」

我知道,讓患者接受積極治療後才宣稱癌症末期是誤診,聽起來非常荒謬,但這其實只是醫生根據自己受到的訓練所得出的結論,因為他無法相信末期癌症這麼快就能治癒。甚至在療程中,伊莉莎白也應該在雞尾酒療法後掉光頭髮才對(假如只使用其中一種化療藥物,或許未必會掉頭髮,但同時使用兩種化療藥物,她的頭髮應該會掉到一根都不剩),結果伊莉莎白到了療程最後,還保有三分之二的髮量。這同樣也表示,她在接受常規療法的同時也接受輔助療法,的確有助於支持她的整個免疫系統。治療

期間醫生也注意到她的頭髮很健康，在看了她的驗血報告後問道：「你的數字看起來很不錯，你做了什麼？」伊莉莎白提到自己喝了大量的小麥草汁。她問醫生這是不是小麥草的效果，但醫生只是簡單地回答：「不是，不過只要能讓你感覺好一點，繼續做就是了。」

在抗癌成功的第三年，伊莉莎白說她的內心仍然存在著恐懼。「我的身體想要健康，但大腦卻會一直喚醒恐懼。很多人跟我說，他們所愛的人在癌症獲得緩解後，又在兩年後復發，接著短短幾個月就病逝了。此外，癌症倖存者只要身體一有不對勁，就會擔心是否癌症復發了。我就是這樣，很多次我都以為自己的癌症肯定復發了，這種恐懼很難擺脫。」

我問伊莉莎白，走過療癒之路，她最深刻的體悟是什麼。她告訴我，最有力的領悟發生在化療與放療快結束時。她當時感覺不太舒服，讓哥哥帶她到海灘，躺在陽光下看著其他人享受人生。「當我看著人們打排球、奔跑、騎腳踏車、跟朋友一起歡笑時，我真想告訴他們『你們很幸運』。我突然意識到，人生可能很美好，也可能很糟糕，但我們身邊還是有那麼多美好的事物與機會。我只希

望能讓大家都知道，活著就是一份很美好的禮物。」

伊莉莎白說，癌症對她來說是一件幸事。她承認這聽起來很奇怪，但基於某種原因，她覺得癌症是她人生中所發生過的最美好的一件事，讓她有了新的體悟、懂得感恩，也為她帶來了不同的人生觀。她告訴我：「它教會我許多事，也帶給我許許多多的愛。」在我寫這些文字時，她已經邁入第五年的無癌人生了。

第五章重點整理

- 接受你當下的處境，是自由與療癒的開始。
- 我們越是把能量放在可能性與未來的願景上，就越能轉移我們的信念，遠離恐懼及最壞的設想。
- 抗拒現實會消耗療癒所需要的珍貴能量。無論診斷結果多麼令人痛苦，我們都要學著坦然去接受眼前的事實。
- 一旦我們能接受現狀，就能繼續前進，開始做出有力量的新選擇。
- 我們很幸運，能夠在危及生命的緊急情況下取得有

效的藥物與醫療技術。但對大多數的慢性病而言，藥物的副作用可能會進一步造成身體失衡，而必須使用更多的藥物來控制副作用。

• 人體是一個充滿智慧的系統，我們的任務是學會讀懂它的語言。身體是我們最大的盟友，會持續跟我們溝通，試圖在我們靈魂進化的過程中支持我們。

• 有時候，健康危機可能就像叫醒服務一樣，是給我們的禮物，讓我們有機會成就最偉大的自己。

讓飲食成為你的健康良藥

「汝食為汝藥，汝藥即汝食。」

——希波克拉底

　　幾乎所有的古老智慧都視食物為藥物，也相信大自然握有健康與療癒的鑰匙。即便是西方醫學之父希波克拉底，也說「汝食為汝藥」，認同食物具有療效。那麼，應該吃什麼食物才對呢？什麼飲食才是對健康最有好處？吃肉到底好不好？全穀類食物對身體有益，還是會引起發炎？吃水果好嗎？水果中的糖分會導致體重增加與健康問題嗎？我們的難題，在於存在著太多相互矛盾的資訊。

　　我在整合營養學院（Institute for Integrative Nutrition, IIN）修習一年的整體營養學課程時，曾經研究過去四十年來的各種飲食風潮。我學到最有價值的其中一課是，我們在生物學上都是獨一無二的個體，其中的決定因素繁多，包括文化、血型、小時候吃的食物以及居住的環境等等。沒有一種飲食是放之四海皆準的，因為以上這些因素

都會左右食物對每個人的影響。整合營養學院將這種現象稱為「生物個體性」（bio-individuality），我非常喜歡這個術語，因為我們是很複雜的超生物體，沒有哪種飲食方式能在任何時候用於每個人身上治療疾病。我們只能說，以自然狀態存在的全食物有良好的營養及保健效果。

馬克・艾默生（Mark Emerson）是生活形態醫學專家，他解釋飲食如何毒害許多美國人而導致疾病。「我們是如何形成的？地球是如何運作的？所有這一切都有個藍圖。每當我們偏離大自然的藍圖及我們天生的設計，就會得到不利的後果。」

艾默生主張，我們一直在攝取的食物根本不適合我們的天性，比如基因改造的食品、化學殺蟲劑、加工食品、防腐劑、精製糖，以及工業化養殖及生產的動物產品等等。這些產品都會破壞我們的微生物體、干擾我們的荷爾蒙，以及造成腸道發炎。我們的身體會盡全力對付這些有害物質，但總有一天，長期、重複性的不良行為就會纏上我們。這就是他所說的臨界點。艾默生說：「癌症不是發生在一夕之間，而是漸進性的過程，前後可能長達十年以上。心血管疾病、第二型糖尿病也是經過一段時間的醞

釀，才會發展出來。我們所接觸的有害物質或是自己做出的有害行為，加加總總下來就會產生疾病。我們不斷把有毒的環境帶進身體內部，最終以各種疾病表現出來。」

艾默生建議我們要攝取植物性的全食物。「植物性的全食物飲食，指的是食用未經加工的植物類食物，也就是蔬菜、水果、全穀類與豆類，這些食物全都富含植物營養素與抗氧化物。只吃原型食物；食物從地上長出來是什麼樣子，我們吃進嘴裡就是什麼樣子。大自然在創造萬物時自有其道理，我們的身體天生就能完美地處理這些食物。」

他總結道：「當我們排除基因改造的『科學怪食』以及有毒化學物質等有害的食物，並以營養豐富、植物性的全食物來餵養我們的身體、滋養體內的微生物群落以及強化免疫力，身體自我的療癒速度就會快過疾病發展的速度，這便是療癒的美妙之處。」

比起過去，現在更容易在住家附近找到實惠、健康及有機的在地食材，例如有機食品專賣店、農貿市場，或是借用學校、教堂、停車場等社區公共建築所開辦的農產品臨時集市。此外，美國各地也有越來越多的「社區支持農業」（CSA）計畫，可以透過雇主、學校或是各州農業廳

網站線上辦理。這些計畫能讓你直接與當地農場聯繫，購買剛收成的新鮮食材。選用在地生產的有機農產品，可以幫你攝取到最天然、無汙染的好食物。

有「醫療靈媒」之稱的安東尼・威廉（Anthony William）是食物療癒方面的專家。四歲時，他發現自己有一種獨特的天賦，當他跟家人一起坐在餐桌時，耳邊突然傳來聲音，彷彿有人就坐在他隔壁一樣。神祕的聲音要他走到祖母身邊，把手放在她胸前並說出這些話：「奶奶有肺癌。」想當然的，所有人都嚇壞了！祖母不久後去看了醫生，隨即確定罹患肺癌。

從那天起，安東尼就開始與自稱「慈悲之靈」的聲音溝通。當有人在常規療法與替代療法都無法見效時，他就會利用這個能力來幫助他們，找到解決健康問題的答案。我問他如何面對質疑者，他回答：「老實說，這不是什麼大問題，也沒有很多人當著我的面提出質疑。我知道有很多質疑的聲音，但當你想要幫那些正受到慢性病折磨、束手無策的患者時，質疑聲浪完全不重要。能讓患者好轉、康復，並提供他們真正需要的答案，這才是重點。」

安東尼已經成為數百萬自體免疫失調、疑難病症患者

的醫療資源之一。當常規醫學檢驗不可靠時，安東尼會利用高靈告訴他的非傳統診斷方法去找出患者的病根，然後再提供可以治療的方法。他也告訴我，目前全世界正在發生的自體免疫性疾病有哪些、是什麼情形。

把身體當成你最好的朋友

將疾病、不適或各種症狀貼上自體免疫問題的標籤，其實挺可悲的。問題不在醫生身上，所以不該責備醫生，這跟醫生的關係並不大。這是一個現在已經被視為通用法則的理論，但事實上，一直以來它也不過就是個理論。當我們說某種毛病是自體免疫問題時，指的是我們的身體在攻擊自己。想像一下，你到診所看病，醫生說你得的是橋本氏甲狀腺炎（Hashimoto's thyroiditis），接著你去搜尋資料或是醫生告訴你：「這是一種自體免疫疾病，也就是你的身體在攻擊你的甲狀腺。」如果是我，必然會帶著沮喪的心情開車回家。我會對自己的身體失去信任，並且認為身體在

跟自己作對。

我們稱之為自體免疫疾病，原因就在於我們不知道症狀、疾病或不適的原因是什麼。牛皮癬、濕疹：病因不明；多發性硬化症：病因不明；纖維肌痛：病因不明；類風濕性關節炎：病因不明。當病因不明時，怎麼能告訴患者說那都是自體免疫在作怪，是身體在攻擊自己呢？真正的情況是，你的身體存在著會造成症狀的毒素與／或病原體，而身體正在試圖保護你不受到傷害。我們體內有某些東西會導致發炎，而醫學研究與科學界找不到罪魁禍首，所以只好把責任推給患者的身體。

事實上，身體永遠不會攻擊自己，反而是無條件地深愛自己。身體時時刻刻、無論什麼狀況都在持續為你運作，是你最好的朋友。你們會因為病痛受苦，其實是有其他原因，而這正是我要在此跟你們分享的。

——安東尼・威廉

即便安東尼對病因的觀點跟本書其他專家略有出入，但他也確實認同情緒及心理因素時常會引起健康問題。我認為這些理論並未相互矛盾。雖然我相信病原體與毒素會導致疾病，但我也相信未能處理好的情緒、慢性壓力及創傷，會減弱身體對入侵者的天然防禦，使我們更容易遭受外來病原體與毒素的威脅。

小心，不要餵養 EB 病毒

安東尼・威廉聲稱，導致許多自體免疫問題與疑難病症的病原體，其中之一就是稱為 EB 病毒的人類皰疹病毒第四型。他表示不同階段的 EB 病毒，是造成橋本氏甲狀腺炎、多發性硬化症、慢性疲勞症候群、眩暈、濕疹及更多毛病的元凶。他也表示，重金屬的毒性可能導致或促成許多種病症，從自閉症到偏頭痛都包括在內。他建議針對某些重症的抗病毒療法，應該與功能醫學或整合醫學的醫師一起協同研究，他也分享了某些能用於避免或有效排除病毒及重金屬的食物、藥草與營養品。

EB 病毒是一種飢餓病毒，所以我建議不要吃那些會

餵養它們的食物，具體來說，包括蛋類、乳製品、玉米、菜籽油；還有豬肉也不要食用。你或許也可以戒除小麥及麩質。人們普遍認為麩質食物會造成慢性發炎，但是其實是麩質會餵養 EB 病毒，才引起了發炎反應。跟壓力有關的腎上腺素也會餵養 EB 病毒，所以降低你的壓力有助於餓死病毒。

不要害怕吃水果！跟精製糖、加工糖不一樣，水果中的糖分是我們生存所需的必要醣類，所含的抗氧化物及植化素，是延長壽命、提高活力不可或缺的維生物質。冷凍的野生藍莓是地球上最具療癒效用的水果，可以排出大腦內的重金屬，還可促進神經疾病早日康復。不過，人工種植的藍莓效果就沒有那麼好了。

在消化問題方面，如果你有脹氣、腸道發炎、結腸炎及克隆氏症（Crohn's disease，一種發炎性腸道疾病）等問題，可以試試純西洋芹汁：空腹飲用十六盎司（約四五三．五毫升）的純西洋芹汁，比任何方法都更能改善腸道的健康，這是我個人的經驗談，也是我數十年來推薦喝純西洋芹汁的原因之一。

除了飲食，某些營養補充品、藥草及礦物質也能強化

身體的天然防禦力。你或許跟許多人一樣，也有嚴重的鋅缺乏問題。如果你的體內沒有足夠的鋅，就無法抵禦病毒及細菌等病原體。此外，如果你患有慢性病，還需要補充正確的維生素 B12 補充品——一種混合腺苷鈷胺（adeno-sylcobalamin，也稱為輔酶 B12）與甲鈷胺（methylcobala-min）的維生素 B12 錠。我曾經告訴醫生及治療師們，以正確比例混合的腺苷鈷胺與甲鈷胺能支持神經系統，幫助他們的患者康復。這種維生素 B12 的補充品，在治療多發性硬化症及許多其他病症上也有輔助效果。

找到最適合你的飲食方式

還有另外兩種流行的食療方式：間歇性斷食及生酮飲食。根據約瑟・摩卡拉（Joseph Mercola）醫師網站上的定義：「生酮飲食是一種低碳水化合物、適量蛋白質及高健康脂肪的飲食方式，這是達到營養性生酮狀態的三個關鍵……這不僅是慢性病患者或肥胖者的理想選擇，也適用於那些想要用簡單方式來讓自己更健康的人。」[12]

針對你的身體情況，去找到最適合你的飲食方式。記

住，你的身體是一個內置回饋機制的智慧系統，它會持續
地告訴你它需要什麼，而我們的任務就是調整並注意它想
說什麼。研究不同的飲食方式，關注跟你產生共鳴的是哪
些，然後一一去嘗試，隨時去關注它們帶給身體的感覺。
記住，沒有一種飲食方式適合所有人，所以你一定要聽身
體給你的回饋，而不是盲目跟隨流行。

**你的身體對吃下肚的東西有什麼反應？當某些食物總
是帶給你正面或負面的影響，你能察覺到其中的模式嗎？
寫飲食日誌是個好點子，可以幫你建立飲食覺知，「相信
你的腸子」、相信你的直覺*，看看你吃的東西是如何影
響你的身體與情緒。**

「飲食不當，藥物無效；飲食有方，藥物不需要。」

——阿育吠陀諺語

---

* 編按：trusting your gut 的字面意思是「相信你的腸子」，引申意思
是「相信你的直覺」。

　　彼得‧克隆是著名的行動力指導師，有「心靈建築師」（Mind Architect）之稱，早在讀高中與大學時期，就對如何維持最佳活力深感興趣。大約在十六或十七年前，他在接觸到阿育吠陀療法後，就覺得茅塞頓開，終於解開他多年的疑惑。

　　阿育吠陀是印度的傳統醫學，被認為是世界上最古老的整體醫學系統。在阿育吠陀醫學中，彼得‧克隆最喜歡的是稱為「發病機理」（samprapti）的這個部分，梵文意思是「疾病的發展過程」，一共分為六個階段：

1. 積聚　　　　4. 沉透
2. 惡化　　　　5. 顯現
3. 擴散　　　　6. 變化

　　彼得跟我解釋，這個過程始於累積，也就是累積太多的某種能量。彼得說阿育吠陀認為我們的體質（dosha）是由氣、空、火、水、土這五種元素組成，這五種元素代表了不同的能量形式：

就拿火元素來說，如果某個人吃了太多的辛辣食物、飲酒過量，而且壓力一直很大，體內就會累積太多的火元素，於是可能會出現打酸嗝的症狀。打嗝並不是大問題，但這表明他體內存在著太多的火能量。

接下來就是惡化。到了這個階段，打酸嗝開始演變成胃灼熱，這個毛病在今天看來問題不大，解決方法就是每天吞一顆制酸劑。在我們當今的社會中，有點胃灼熱是很「正常」的。但事實上，你根本沒有去解決失衡的根本原因。

第三個階段是擴散。在這個例子中，如果這個人仍然繼續攝入過多的火能量（辛辣食物、酒精、加工食品），多餘的火能量就會開始擴散出去。或許，他的皮膚會開始出現一些紅疹子，也可能是胃部不適。

第四個階段是沉透。原本只是引起打嗝的多餘火

能量，在他的體內找到了一個狀況不佳的弱點。
假設我們所說的這個人在高中時期是足球隊員，
膝蓋承受過很大的負擔，那麼膝蓋就可能是多餘
火能量沉透並駐留的理想部位。

第五個階段是顯現。時日一久，沒有好好處理的
火能量，會以疾病形式表現出來，演變成難以處
理的關節炎。

最後一個階段是變化。在這個例子中，組織會開
始變異，最後發展為類風濕性關節炎。

「當我第一次聽到這種醫學系統時，覺得既美妙又簡
單。」彼得說：「想要預防疾病就應該了解這六個階段，
然後你會知道要預防的是什麼？答案就是：多餘的積聚，
你要預防的是一開始的累積。在我看來，最大的累積是在
心智裡面。你會累積創傷、累積經驗，也會累積猜疑。我
為什麼不能這麼做？為什麼我沒有得到那個工作？為什麼
我找不到真愛？為什麼我無法健康？你會發現這一整套的

疾病發展過程，不論是心理學或生理學都適用，因為這可能發生在身體的精神層面、情緒層面或生理層面。走進每戶人家的車庫，你會看到大家都在這裡面堆積東西，他們把價值五萬美元的車子停在外面，然後把一堆不值錢的雜物堆在裡頭，不是嗎？」

彼得的天賦是用來幫助他人放下心中所累積的憤怒、批判及創傷。他將阿育吠陀所描述的積聚問題延伸至精神及物質層面，我覺得非常棒，因為這證實了其他專家的研究成果：積聚的負面情緒和沒有處理好的創傷，會阻礙氣與生命能量的流動，進而妨礙療癒。如果你正走在療癒之路上，這就是為什麼你要做的，不僅是調整飲食、運動以及排出體內累積的毒素，還必須找出方法來幫助自己釋放累積已久、未經處理的創傷與負面信念，才能順利度過眼下的處境。

就像近藤麻理惠在暢銷書《怦然心動的人生整理魔法》獨創的斷捨離整理系統一樣，我們也必須找到屬於自己的系統來清理我們的心靈、身體及生活。諮詢治療師、閱讀專家著作或是在線上遵循老師的指引，你有許多方法能夠開始療癒過去的創傷、為你的飲食與環境解毒、減少

生活壓力，以及開發出一套能讓你更快樂、更平靜的休養身心的好方法。

　　「不論是物質或情緒的累積，都有可能惡化，使你的能量停滯不前。」彼得總結道：「這是你所背負的重擔，它們會把空間塞滿，讓可能性進不來。人類所有的負面情緒，例如愧疚、憤怒、悲傷、憂鬱或怨恨，都是因為對外物起了執著心。這是創傷的累積、批判的累積，當你擺脫累積在身體裡的東西，就能清出空間，有了空間，療癒就可能發生。」

　　「休息與斷食是最佳良藥。」

　　　　——班傑明・富蘭克林（Benjamin Franklin）

斷食可以加快療癒

　　說到在體內創造空間，在我進行研究期間，斷食的概念就一直吸引著我。斷食是每個古老醫學及宗教都會有的組成部分，不僅是一種讓精神達到特定狀態的手段，還能淨化身體、消除疾病。所有動物在受傷或生病時，都會本

能地不吃東西。無論是你養的寵物或野外的獅子、鹿，動物生病時都不會進食。牠們也許會找一些草來吃，或吃些帶著苦味的藥草來淨化身體，然後在身體進入自我療癒模式時找個安全處好好休息。凱莉・透納將斷食比喻為家中的烤箱開始了自動清潔模式：

「我去過泰國的一家斷食中心，那是癌症病患僅存的最後一絲希望。做過化療的他們身形非常消瘦，因此你也許會問：『為什麼還要斷食？他們不用吃東西嗎？』但問題在於，他們的身體無法吸收食物，他們的腸道已經被化療破壞了，必須斷食才能修復。他們發現，禁食七天的作用相當於讓消化道修整一整年。南加州的研究人員證實，假如在接受化療的同時也採行間歇性斷食，有助於減少患者的副作用，而且免疫系統的恢復程度也比較好。」

凱莉表示，科學研究已經證實，斷食三天後，我們所有的重要器官系統就會開始自動淨化。你的肝臟會排出所有的老舊膽汁、重新生產新鮮膽汁，你的心臟也會自動清潔。斷食有效的原因在於，我們每天花費太多的能量來消化食物。一旦我們減輕這種每天的負擔時，身體天生的智慧就會立即利用多出來的能量去修復組織損傷、大動作地

排除毒素，讓身體重新啟動。

對斷食的提醒

斷食是消除累積在身體及靈魂「病素」的好方法，可
以讓我們回到與生俱來的自我調節及療癒機制。如果
你是第一次做斷食，事前應該先諮詢過你的醫師，並
考慮在專業中心的監督下進行。美國國家健康學會
（National Health Association）有一份符合國際衛生
醫師學會（International Association of Hygienic Physi-
cians）專業標準的機構名單（www.healthscience.org/
education/fasting/where-fast）。

「大自然就是最好的醫生。」

──希波克拉底

大自然的療癒天賦

如今，似乎當我們的手機越聰明，我們就變得越焦慮、越憂鬱。《自然療法》（*The Nature Fix*）一書的作者佛羅倫絲・威廉斯（Florence Williams）主張，我們的焦慮部分原因是與大自然缺乏連結。佛羅倫絲指出，肥胖、憂鬱、孤獨、焦慮及維生素 D 缺乏的普遍現象，全都是因為我們「與大自然脫節」。我們待在室內，在人工照明之下盯著螢幕的時間越來越長，走出戶外接觸大自然的時間越來越少。

的確，大自然具有強大的療癒作用。環境心理學家羅伯特・尤里奇（Robert Ulrich）在一九八四年進行了一項著名的研究，研究對象是在賓州郊區醫院進行膽囊手術的患者。根據科普雜誌《科學人》（*Scientific American*）的報導，尤里奇博士與團隊在研究中證實：「在其他條件相同的情況下，比起那些只能看到一堵磚牆的病人，能夠從床邊窗戶看見綠樹的病人，平均康復時間快上一天，止痛藥的需求量明顯更少，而且較少發生術後併發症。」[13]

一個小小的自然景觀就有如此神奇的療癒功效，可以

知道實際走進大自然的效果一定更驚人。地球表面存在著無數帶有負電荷的游離電子，許多研究都顯示，當我們打赤腳踩在地面（稱為接地），腳底可以吸收大量具抗氧化效果的負離子；這些離子能夠中和體內的自由基，減少慢性或急性發炎現象。

我們的祖先打赤腳走路、席地而睡，時時都與帶有療癒功效的負電荷建立生物電的連結。如今的我們早已失去了這種重要的連結，這可能就是發炎問題會不斷增加的原因之一。研究顯示，只要每天接地二十分鐘，就能帶來極大的健康效益，包括改善睡眠、加速傷口癒合、減少壓力、降低血壓、緩解疼痛，當然也能減少發炎。所以趕緊脫掉鞋子吧！

「我相信大自然中存在著一個微妙的磁場，如果我們任其作用，它會引領我們走向正途。」
　　——亨利・大衛・梭羅（Henry David Thoreau）

土地不是大自然唯一的治療師。伊娃・賽爾賀（Eva Selhub）醫師是哈佛醫學院講師與麻省總醫院（Massachusetts General Hospital）的臨床助理，她表示樹木會釋出芬多精化合物到空氣中，而芬多精已經證實能夠降低壓力荷爾蒙與焦慮，同時改善血壓與免疫力。二○一七年，一篇發表在《國際環境研究及公共健康期刊》（*International Journal of Environmental Research and Public Health*）的研究，探討了「森林浴」的作用 [14]。研究結論指出，當人們走進大自然，森林浴能幫他們釋放壓力、減少焦慮、降低血壓。每天花點時間放下電子設備，走到戶外去接觸大自然，不僅對心理健康相當重要，也能為我們的生理機能帶來好處。

找個時間去海拔較高的山上走一走，會有一定的療癒效果。桂格·布萊登告訴我：「高海拔的氧氣比較稀薄，身體會製造更多的血紅素，以便輸送更多的氧氣。氧氣可明顯提高身體的免疫功能，比較不容易讓病毒、細菌、感冒與流感等問題趁虛而入。」

人們早就知道，在鹽水或富含礦物質的水中（例如溫泉）游泳或浸泡，對身體有不少好處。水中的礦物質，例如鎂、鈉、鉀、鈣、溴化物、碘及硫酸鹽，會經由皮膚吸收。這些礦物質有排毒效果，並且經證實可以加速傷口癒

合、減輕疼痛、促進循環、減緩發炎、刺激淋巴引流，以及緩解牛皮癬和濕疹等皮膚問題。

「鹹水——汗水、淚水或海水，可以療癒百病。」
——伊薩克 · 狄尼森（Isak Dinesen）

　　水對身體的健康有非常多的好處，尤其是鹹水，即便只是靠近水域或在水中浸泡，都能帶來同樣深刻的心理及情緒效益。水分多的空氣（例如暴風雨過後）充滿了負離子，這些負離子能附著在過敏原及病原體上，使它們變重而無法停留在空氣中，藉此淨化空氣，同時負離子也已經證實能夠改善情緒及抑鬱。海洋生物學家華勒斯·尼可斯（Wallacc J. Nichols）在《藍色意識》（Blue Mind）一書中，對於水所具有的轉換特質進行了廣泛的研究。海洋保育家賽麗娜·庫斯托（Céline Cousteau）在該書的推薦序寫道：「我們的大腦天生就對水有積極反應……靠近水會讓人感到平靜、不孤單，還能提高創造力與洞察力，甚至療癒創傷。」[15]

「當我們體認到大地之母的美德、能力與美好時，某
種連結就在我們身上出現了——那就是愛。」

——一行禪師

我最愛的是大自然的療癒力量，因為它們是絕對自由
的，只要一次就能觸及身心靈三者。善用大地之母的慷
慨，每天盡可能地吸收她強大的療癒天賦。

真實案例分享：伊娃‧李的故事

下面這個故事是一個很棒的例子，說明每個人的療癒
之旅是多麼地複雜又獨一無二，這是因為沒有兩個人的人
生遭遇是一模一樣的。同時這也提醒我們，走上一條全面
性的療癒之路需要多大的勇氣與自我承諾，有時還要付出
一些代價。

在我拍攝紀錄片《治癒》期間，我需要一些文件辦理
公證。在我先生辦公室工作的伊娃‧李（Eva Lee）是其
中一名公證人，她把合約書拿給我簽署。當她把一疊文件
遞給我後，馬上就把手縮回去，對於手上的皮疹表示歉

意。直到那時我才發現，過去三年她一直都在跟這種疑難病症奮戰。我詢問了她的症狀，想知道能否幫得上忙。她說：「我剛開始以為只是過敏、蕁麻疹或其他皮膚問題，但後來疹子大量爆發，一直蔓延到耳朵及頭部。然後大約在一年半前，我半夜醒來時，發現全身無法動彈，右側身體完全癱瘓了。我嚇壞了，以為我中風了。後來我感到一陣刺痛，身體慢慢恢復了知覺，我才爬下床。」

伊娃接著說道，她看過皮膚科、神經科及過敏科等不同專科醫師，但症狀持續不斷，卻一直找不出答案，後來醫生告訴她是某種自體免疫問題。他們給她看了一些文獻，還開了各種不同的處方藥。但她拒絕服藥，因為可能會有一些嚴重的副作用，包括失明及心臟病等等，跟她的病同樣嚇人。她告訴我，在看過洛杉磯一些最優秀的專科醫師、驗過許多次血後，她越來越沮喪，因為沒有人知道應該如何幫她。他們唯一的方法就是開類固醇，好抑制一直冒出來的皮疹，卻從來沒有研究過不斷復發的原因。身為忙碌的職業婦女，她不只覺得累，還有巨大的經濟壓力。伊娃對自己的毛病沒有惡化下去，一直心存感恩，但沉重的負擔正在一步步將她壓垮。

幾天後，伊娃來找我，跟我說：「我女兒昆茵總是一邊沾著聖水塗抹我的皮疹，一邊祈禱我那些『點點』快點消失。在我告訴她你會幫我時，她說：『太好了，上帝來幫助媽咪了。』」說完話，我們兩人都忍不住落淚。

我在整合營養學院的課程學到，健康的基礎不只是飲食，很多皮膚毛病也可能是腸道或肝臟出了問題。我也知道長期服用類固醇，會破壞體內微生物群落的平衡及功能。因此，我所做的第一件事，就是把臨床營養學家及生活形態醫學治療師馬克・艾默生引薦給伊娃。他幫伊娃進行全套的血液檢查，並要求她採行植物性的全食物飲食，藉此減輕腸道及全身性的發炎現象。他擔心伊娃可能有腸漏問題，很多自體免疫失調都是源自於此。從本質上來看，會有腸漏症，就是因為飲食不良、壓力或長期服藥而導致腸壁細胞受損，讓毒素與廢物滲漏進血液中。

結果，短短八週後，伊娃的發炎指標就急遽下降了。她說：「自從我開始採行這個營養計畫之後，關節痛再也不曾發作，我覺得這是最大的進展。在改變我的飲食之前，我甚至無法爬樓梯到樓上的臥室，只能睡在樓下。」

對於這樣迅速的改善，伊娃和我都很興奮。我知道飲

食對於療癒過程的影響非常重大，但也知道伊娃與母親的
關係很緊張，因此我認為或許來自家庭問題的壓力可能也
是她會生病的原因之一。

　　伊娃很坦然地認同我的看法，也覺得她必須更深入地
挖掘過去才能夠痊癒。她告訴我：「我意識到，或許我不
只是身體出毛病，可能還存在著其他的問題。過去的情緒
或是那些我假裝不在意的事情，可能一直在影響著我。」
接著我們要去求診的下一位專家，是靈氣導師及情緒釋放
治療師帕蒂‧潘恩（Patti Penn）。

　　在諮詢過程中，伊娃揭露了一些難熬的童年真相。帕
蒂發現伊娃的母親有心理健康問題，在伊娃成長的過程
中，她經常服用抗焦慮藥物煩寧（Valium）。更重要的一
件事是，伊娃的父親在她十一歲時就離開家裡了。「他也
受不了我母親的狂躁，所以走出家門後再也沒有回來。」
伊娃緊張地笑著告訴帕蒂。她覺得自己被遺棄了，小小年
紀就被迫扛起家務，就像在扮演母親的角色。她必須開車
載母親去上班、料理家庭雜務、照顧手足。

　　帕蒂在問診後，開始使用情緒釋放技巧（EFT 敲打
法），輕輕敲打伊娃的能量經絡，好移除阻塞在她體內的

負面情緒與創傷。情緒釋放技巧的理念,就是把注意力集中在負面情緒、創傷記憶以及尚未處理的問題。當你專注於這些問題時,治療師會在你的十二經絡輕輕敲打五到七下。在依序拍打穴位時,要專注去接受及解決創傷等問題,並以正面的新故事來取代,如此將能重新啟動能量通道,恢復身體的平衡狀態。

帕蒂在敲打穴位的同時,要求伊娃要大聲複誦她所說的話,例如:

儘管她要承擔的擔子很重,

她仍然一肩扛起。

我深深地愛著並接受那個小女孩。

這是沉重的負擔,

但還有誰能扛得起來?

我挺身而出,

因為我愛她,

而且我絕不會丟下她不管。

在帕蒂的協助下,伊娃察覺到過往的情緒創傷仍然深

埋在她的身體裡，同時還有一些由悲慘童年所塑造而成的信念與行為模式。她意識到，她從小就習慣照顧別人，因而有時會忽略自己。她也開始意識到自己是值得被愛的，因為現在的生活中就有許多人愛她、支持她。她也領悟到想要照顧好家人，她更應該照顧好自己才對。換句話說，她需要更關心自己的健康及幸福，讓自己變得更強大後，才有更多的能力去幫她所愛的人向前邁進。在接受過帕蒂的靈氣療法及情緒釋放技巧後，伊娃表示她感受到情緒如洩洪一般釋放了出去，接下來幾個月，她們繼續深入地釋放一些陳年的傷痛。

此外，我還帶伊娃去接受傑佛瑞·湯普遜的聲音療法。湯普遜是加州卡爾斯巴德市（Carlsbad）的神經聲學治療師及整脊醫師，他向我們說明，每個古老文化都曾經使用過某種形式的聲音治療儀式，作為醫療手段的一部分，而其原理就是所有一切都是由振動能量所構成的。湯普遜醫師所開發的聲音療法，是利用先進的科技，去精準找出影響大腦中樞的聲音頻率，使身體能夠轉換至副交感神經系統，這是能夠產生療癒反應的狀態。他解釋道，自律神經系統是身體的主要控制者，告訴其他系統要如何運

作。自律神經系統會在交感神經或副交感神經之間切換，當你處在壓力狀態下，身體會進入交感神經系統，也就是產生戰或逃反應。相反的，副交感神經是抑制性的，會讓身體進入休息及修復模式，我們的身體只有在這種時候才能夠進行療癒。

湯普遜醫師在伊娃的手腕上安裝感應器，收集由心臟發出的電子訊號，直到找出能讓身體「踩下離合器」或是切換到副交感神經的確切聲音頻率。透過先進的醫療監控設備，湯普遜醫師發現伊娃長期處於壓力狀態下。即便她耳邊播放著舒緩的音樂，一連串的聲音頻率從特製診療床流入身體，但感應器卻顯示她只會非常短暫地進入副交感神經的反應，然後立刻就切換回交感神經系統。這清楚表明，伊娃需要從心理及情緒下手，才能讓身體脫離慢性壓力的模式。在目前這種狀態下，她根本無法痊癒。要打破這種可怕的復發循環，她需要確實地休息與修復。為了消除壓力，我建議她練習靜心冥想，這是我在面對壓力時會用來改變生活的工具。

然而，即便伊娃試過多種替代療法，她的皮疹還是反覆發作。有一天她來我的辦公室找我：「我試著停止使用

類固醇，但是週末時疹子突然大爆發，我的胸口長滿了癤子。」她解開圍巾，露出一大片像花椰菜一樣的癤子，我心頭一沉。「它們開始長成一大片，又疼又熱，而且我的身體還忽冷忽熱。」

那天她提早下班，去了急診室。醫生在不確定她是否會傳染時，馬上就把她隔離起來；而且當時她還伴隨著劇烈的腹痛。等她終於出院後，我問她醫生是怎麼說的，她回答：「他們找來所有的專科醫師為我進行各種檢驗，但檢驗報告全都正常。」我不敢相信，在進入急診室又接受過切片及血液檢驗後，伊娃還是找不到問題出在哪裡。

在醫院時，醫生開了大劑量的類固醇來消除伊娃的疹子。她的皮膚科醫師接著給她開了抗生素達普頌（dapsone）。伊娃不知道這種抗生素的威力，直到她拿藥時，藥劑師感到懷疑才問她：「你知道這是一種大劑量的抗生素嗎？」

伊娃覺得她拿的是毒藥，類固醇普賴松及抗生素達普頌都有相當可怕的長期副作用。伊娃沮喪又無奈，經過這麼多次的檢查，還驚險地走了一趟急診室，卻沒有一個人知道應該怎麼幫她。住在洛杉磯的她，已經看過將近十二

位各個領域的優秀醫生，卻沒有一個人能找出皮疹發作的原因。「他們不了解真正的病因，只能試著開給我各式各樣的藥，而西藥只能做到這樣。那種感覺就像『反正把所有東西都試過一遍，看看哪種效果最好。』」

眼看著伊娃努力去做各種正向的改變，但病情依然沒有改善，我也很沮喪。為了能夠照常生活，她唯一的選擇就是繼續服用類固醇，雖然只有一時的效果，但至少能立即獲得緩解。我問伊娃，如果她的醫療保險能夠幫她支付替代療法的費用，是否願意試試整體療法。

「我當然願意。」她說：「類固醇見效快，個人的部分負擔是五美元。如果我能用這些費用取得營養補充品並接受某些替代療法，我應該會更樂意去使用。不知道為什麼，目前所做的這些治療，我都不是很上心。或許是我的情緒埋得太深，以至於無法真正把心打開去釋出更多的負面能量。我是受到了阻礙，但並非做不到，以我目前的狀況，我認為自己應該能辦到。」

值得注意的是，在紀錄片《治癒》拍攝期間，當伊娃接受帕蒂·潘恩的診療時，是她第一次去審視可能對健康造成影響的童年創傷。揭開瘡疤並不容易，通常需要時間

且試過幾種不同療法，才能卸下層層武裝。這就是為什麼每個人的療癒之旅，都是複雜又獨一無二的。有些人或許會像艾妮塔‧穆札尼那樣，在很短的時間內就能自發性痊癒，而有些人則需要多年的投入與努力，因為揭開過往傷口的那種痛，可能不亞於當初受到傷害時的痛苦體驗。此外，由於伊娃才剛開始意識到，除了常規醫療之外，她還可以尋求其他的醫療資源，因此或許要經過一段時間的心理建設，她才能在西方醫療體系之外去找到能引起她共鳴的解決方案。

　　身為現代社會的一分子，我們已經習慣去相信常規醫療能幫我們解決問題，而便利性是關鍵之一。但必須記得，便利性往往會要我們付出代價。像類固醇這一類的藥物，長期使用下來會對身體造成什麼副作用？又要如何去面對慢性病帶來的日常壓力？當頂尖的專科醫師都無法幫你找出病因，或無法給你明確的治療方向時，你是不是感到很沮喪？

　　對伊娃以及像她一樣患有疑難病症的數百萬患者而言，尋求幫助是一條沒有終點的旅程。他們只能不斷去探索各種療法、嘗試不同的藥物。目前整體療法的費用可能

相當高昂，因為保險所能給付的替代療法與療程相當有限。假如你自掏腰包去接受替代療法，但在幾次診療後沒有帶來明顯的效果，你可能會擔心自己為了成效不明的選擇而承擔了太大的財務風險，因此在轉機來臨之前便打了退堂鼓。

我們在伊娃的治療上，看到了常規醫療讓人失望的一面，因此我們有必要朝著全方位的整體醫療邁進。此一轉變的一大挑戰就是現行的健保模式，我們需要將更多的輔助或替代療法納入保險的給付範圍。

在我寫這本書的時候，伊娃尚未找到適合她的解決方案，我們所期待的進展也沒有發生。當紀錄片《治癒》在網飛（Netflix）上架後，伊娃收到了數百封來自全球各地的信件，許多治療師、醫生以及有過類似病症的患者提供了各種不同的治療建議。看完這些充滿關心的建議後，給了她很多的勇氣與信心，在療癒之路上也出現了前所未有的進展。她辭去了充滿壓力的工作，把注意力全放在自己的健康及家人身上。她持續採行植物性飲食，並且繼續接受帕蒂・潘恩的診療。最近她也開始跟自然療法醫師配合，希望能以更符合整體療法的方式對抗皮疹，同時找出

為何會生病的根源。

　　身為她的朋友，我會繼續盡我所能地幫助她，也祈禱她能早日找到解方。她的故事啟發了我，讓我有勇氣去面對過往的創傷，為療癒創造出空間。這可能需要我做出重大的改變，比如結束不健康的人際關係、辭掉充滿壓力的工作，或是捨棄某些信念，以及不再留戀舊的生活形態。我樂觀地相信，將會有更多像伊娃一樣的人，他們不再對現行的醫療體系抱持幻想，並開始意識到整體照護的重要性，而這將會催生出一個全新的醫療體系。

第六章重點整理

- 幾乎所有的古老智慧都視食物為藥物，也相信大自然握有健康與療癒的鑰匙。盡可能攝取天然的有機食物。

- 健康問題往往跟情緒及心理因素有關。未能處理好的情緒、慢性壓力及創傷都會削弱我們的天然防禦力，使我們更容易受到外來病原體與毒素入侵。

- 阿育吠陀醫學把疾病的發展分為六個階段，首先是

積聚──不只是體內毒素的累積，也包括負面思維
的累積。為了創造出療癒的空間，我們必須釋放創
傷、批判及負面的情緒。

• 斷食是消除累積在身體及靈魂「病素」的好方法，
如果你是第一次做斷食，請先諮詢過醫師的意見，
並考慮在專業中心的監督下進行。

• 大自然具有強大的療癒作用。光腳接地、去海拔較
高的地方走一走，或是在含有礦物質的溫泉或鹽水
中泡一泡，都能為身體帶來巨大的健康效益，簡單
易行、經濟又實惠。

接通無形的力量，
扭轉你的人生

「科學不僅與靈性相容，更是靈性的重要源泉。」

——卡爾‧沙根（Carl Sagan）

正如我在前一章提到的，許多人之所以不尋求替代或輔助療法，是因為保險並不給付，必須自掏腰包而感到負擔很重。但是，便利性是要付出代價的，你現在不想付錢，以後就可能要花大錢。在短期內，有些解決方案可能成本不高，但如果濫用應急措施來對治慢性疾病，往往會在日後換來更多的副作用或身體失衡的代價。替代療法是一種長期性的醫療保健手段，或許會帶來財務上的壓力，而且往往會需要更長的時間才能獲得顯著的效果。在找到適合你的療法或治療師之前，嘗試不同療法的花費及心力會相當可觀。這就是為什麼我們必須教育自己，並理解我們的身體是由多個複雜的系統組合而成，再透過本具的智慧來運作。當我們把眼界放得更高更寬，就能在療癒的旅

程上更有耐心，有更堅定的信念及信心。幸運的是，目前健康照護體系正朝著正確的方向前進，讓醫療保險納入更多的治療選項——包括針灸、顱薦椎療法、催眠療法及脊骨指壓療法等等。此外，還有一些強大的工具完全不用花錢，只需要我們花時間全心全意去投入。

　　例如，可以協助身體恢復平衡的瑜伽與靜心冥想，相對來說就不用花什麼錢。科學不斷證明，這些方法不只是心靈層面的修行，對於身體也能帶來確實、可量化的實質好處。瑜伽可以改善平衡、耐力、身體的柔韌度、血液循環及力量，還能提高對身體及呼吸的覺知。靜心冥想能舒緩壓力與焦慮、強化免疫系統，並且在體內釋放具有療癒效果的化學物質。

　　我可以肯定地說，冥想確實改變了我的生活。我對冥想的渴望就像想吃醃黃瓜的孕婦一樣，因為冥想確實能幫我釋放累積已久的緊繃感。如果一早起來冥想的話，我一整天都能有平靜又愉悅的心情。二○○七年，我又學了超覺靜坐（Transcendental Meditation），並開始念誦更高階的真言，同時也在加州的喬布拉中心（Chopra Center）學習原始的聲音冥想法。

　　我的手機裡存有一整套的冥想指南。冥想應用程式「Headspace」與「Calm」是兩種相當熱門的軟體，能幫助初學者更快入門；YouTube 網站上也有一系列的免費冥想教學課程。如果你想認真且規律地投入冥想練習，那麼我會建議你找個合格的冥想老師，參加實際的課程。了解靜心冥想的起源、科學及好處，會讓你更容易投入練習，進而獲得更強大的潛在效益。

　　很多時候，我們會覺得自己忙得分身乏術，或內心太躁動、太理性，以至於永遠學不會或無法安心坐下來冥想。禪宗有一句古老的俗諺說得好：「你應該每天靜坐二十分鐘。除非你太忙，那麼你應該坐上一個小時。」

　　假如我在閉上眼睛、專注於呼吸或念誦真言的幾分鐘後，內心仍然靜不下來，我就會將紛亂的思緒想像為一匹野馬，並且對牠說：「嘿，小子，放輕鬆。」然後一邊說著溫柔的話語，一邊走向那匹躁動不安的野馬，直到牠冷靜下來讓我撫摸牠的頭。雖然這聽起來很好笑，但這種技巧確實有用。關鍵在於不要抗拒進入你意識的念頭；只要保持呼吸，讓念頭自然地來來去去，並且平靜地回到你的真言或呼吸上。經過定期且規律的練習之後，你會發現這

麼做的確有用。至於忙到抽不出時間？這樣的藉口，在養成規律的靜坐冥想習慣後，你會發覺大腦的運轉變得更有效率了。所以，不妨把冥想當成投資並持之以恆。就像任何值得投入的事情一樣，靜心冥想也需要練習及堅持下去。

「冥想的意義在於：你會變得越來越像自己。」

——大衛・林區（David Lynch）

各種類型的靜心冥想

靜心冥想已經有數千年的歷史。我們的心智時刻喧擾不停，而且通常都是帶來可怕又使我們受限的消息。然而，只要你能妥善運用，心智會是個很棒的工具；若聽任它發號施令，就不是那麼回事了。心臟病學家赫伯・班森（Herbert Benson）是我的導師，他在所做的第一份冥想研究中表示：「冥想可以關閉戰或逃反應——恐懼的反應——並刺激身體的副交感神經系統，這就是所謂的療癒。」所以從最基本的層面來

說，冥想可以紓解壓力。

——瓊恩・波利森科博士

你早上醒來，會先沖個澡或泡個澡，因為你不想把昨
天的髒汙帶到今天來。假如我一早起床就打開電視、
收音機、電腦或報紙，就等於陸續接收來自全世界的
壓力。因此，我可能把身體洗乾淨了，但內心卻仍然
充滿了壓力。這就是為什麼早上冥想會跟洗澡一樣重
要，它可以淨化你的心靈、淨化你的意識。

——瑪莉安・威廉森

冥想有很多種。有些冥想包括自我反省，你靜靜坐著
捫心自問：「我是誰？」有些冥想是自我質疑，也就
是質疑自己的信念。冥想的第三種形式，就是近年來
所稱的正念（mindfulness）冥想，「念」字其實不算
貼切，因為當你在修煉意識時並不會用到你的心念，
對想法保持覺知，就已不是想法本身。還有一種是超
覺冥想，通常會使用到咒語或真言。真言是與念頭相
抗衡的聲音，最終能將你帶到念頭與真言都不存在的

境界，只剩下你的覺知。所以在我們練習這些技巧時，很快就能觸及到我們的核心自我或核心意識，在靈性傳統中通常稱之為靈魂。

——狄帕克·喬布拉博士

冥想時，你的腦下垂體會出現驚人的變化：釋出催產素、多巴胺、鬆弛素、血清素及腦內啡。當你進入到這種心靈上的連結時，對身體有好處的物質都會釋出。身體內的這種作用就像電燈開關一樣，也可以切換。我們可以透過這樣的連結，啟動瑜伽所稱的「元氣」（juice of life）。你不見得要靜坐冥想或禱告，你也可以在大自然中散步，但必須能夠靜下心來、放慢呼吸，感受到不可動搖的平靜。

——凱莉·透納博士

不久之前，我們在一次進階工作坊中進行了一項驚人的研究。我們找來一百二十個人，要測量他們循環中的皮質醇濃度，以及稱為免疫球蛋白 A（IgA）的化學物質。我們讓他們接受四天半的訓練後再做測量，

看看內修功課是否能造成表觀遺傳學的變化或化學改變。我們發現多數受試者的皮質醇濃度都下降了，代表他們不再處於求生模式，也不再承受壓力。然而，他們的免疫球蛋白 A 濃度從大約五一・五提升至八十三，逼近公認高濃度數值的上限，有些人的數值甚至破百。免疫球蛋白 A 是對抗細菌與病毒的主要防線，效果勝過任何流感疫苗。

——喬・迪斯本札醫師

· ·

　　專家跟我都一致同意，經常靜坐冥想是促進身心轉變的最強大工具。冥想能讓思緒平靜下來，潛進我們的心，並釋放生命中所累積的精神緊張。凱莉・透納的儿大關鍵療癒要素中，其中一項就是「依循你的直覺」，而經常冥想不僅能強化直覺，同時也能平息心中的雜念，使你得以聽見內在的指引。假如你無法分辨腦中的指引與其他雜音，當然就無法跟隨自己的直覺！

解藥般的想像力

使心智平靜下來，確實有助於療癒、紓解壓力，並且跟你的直覺建立聯繫，但有意識地把視覺與想像力結合起來，也能在身體或甚至是周遭世界誘發我們所期望的效果。當代最偉大的科學家愛因斯坦對於想像力的力量，同樣深信不疑。

> 「邏輯會帶你從 A 到 B，而想像力可以帶你到任何地方。」
>
> ——愛因斯坦

科學研究已經證實，觀想（可以算是想像力的一種類型）可以用來幫患者從各種傷害及疾病中恢復過來，尤其是中風、帕金森氏症及脊髓損傷。在哈佛大學的一項研究中，讓一群受試者每天彈奏鋼琴上的五個音符兩個小時，並且連續五天檢查大腦掃描結果。他們發現負責連接手指運動的大腦區塊，就像肌肉一樣地有所增長。當你學習或練習新的運動技能時，也會使大腦中與對應肌肉連結的部

位發生改變，這就是「神經可塑性」的現象。

　　研究人員也讓另一群受試者在並未實際彈鋼琴的情況下，每天想像自己彈同樣的五個音符兩個小時，並連續五天觀察大腦掃描結果。研究人員驚訝地發現，這群用觀想方式彈鋼琴的受試者，其大腦的掃描結果與實際彈鋼琴的受試者相同。至於既沒實際彈奏又沒有進行觀想的對照組，相對應的大腦部位沒有任何改變[16]。簡直太神奇了，這證實想像力不只是孩童的遊戲，也難怪愛因斯坦相信想像力的力量。

　　華盛頓大學人機介面實驗室（Human Interface Lab）開發出以虛擬實境減痛的技術。讓燒燙傷患者在清創時戴上虛擬實境的眼鏡，播放冰雪世界（SnowWorld）的遊戲。研究顯示，當多數患者在這個虛幻的想像世界中遊玩時，痛覺可以減輕一半以上。燒燙傷患者戴上眼鏡，沉浸在美麗又愉快的冰雪世界中，可以透過對企鵝或雪人丟雪球來賺取積分。這是很有前景的科技用途，能加強我們的想像力，更容易達到視覺化效果，進而幫助療癒或是在治療過程中減輕疼痛[17]。

「想像力的療癒力量及它所產生的能量，沒有一種藥
物能比得上。」

——哈比卜·薩迪吉（Habib Sadeghi）醫師

·······································

心念力量無窮大

假如我要你做一個簡單的想像力練習呢？閉起眼睛，
想像自己走到冰箱前、打開冰箱、找到檸檬、將檸檬
拿出來、放在砧板上、對半切開、看一看檸檬、檸檬
汁流出來、伸出舌頭舔舔看。你的唾腺會開始瘋狂分
泌，這都是你的想像力所致。無庸置疑的，我們的想
像力確實會影響生理機能。

——瓊恩·波利森科博士

過去幾年，我訪談過數百名在療癒之路上使用觀想能
力的人，蒐集他們的故事與見證。令人訝異的是，將
近九成九的人都曾經想像過疾病轉化為健康的畫面。
就這樣，他們真的變健康了。他們只是一遍遍地重複

著這種觀想。所以，我要在這裡提供你幾個將疾病轉化為健康的策略：正在做化療的人，可以把化療藥物想像成不斷吞噬腫瘤的食人魚。他們的腦海裡會看見腫瘤越來越小，最後消失不見。接受放療的患者，可以將放射線想像成細微的小閃電，不斷炸掉一塊又一塊的腫瘤，使腫瘤越來越小，直至消失。有些人轉化疾病的方法，是把腫瘤想像成在水龍頭下淋著熱水而不斷融化的雪球。

關節炎患者可以想像自己拿著精細的砂紙打磨、拋光關節，接著為關節抹上潤滑油，使得關節表面潤滑又平順。心血管疾病的患者可以閉上眼睛，想像自己拿著蒸氣清洗器清洗動脈，將血管刷洗一番。當所有髒汙從血管壁沖刷下來後，再清掃收拾、裝進垃圾袋中，打包後丟出體外。要如何想像健康與疾病，全看你的意思。你只要做好就行。

——大衛‧漢密爾頓博士

設定意圖的力量

在瑜伽、冥想及精神治療領域，許多人都會提到「設定意圖」。以下是喬・迪斯本札對意圖運作原理的說明：

身為人類的特權之一，就是我們比其他生靈更能讓想法變得真實，我們一直以來都是這麼做的。額葉占了整個大腦約四〇％，也是創意中樞。我們利用這個部位來想像、推測、創造、設定意圖、產生注意力，也藉由這個部位來抑制情緒反應。當我們開始思考一種更好的存在方式、人生中的新可能性，前腦就會開始運轉。由於額葉與大腦的所有部位都有連結，就像交響樂團的指揮，它會開始調用不同的神經元網絡（這是我們過去所獲得的知識或我們有過的經驗），然後將它們無縫拼接形成一個新願景。我們稱之為意圖。

他接著解釋，當我們開始將新的神經元網絡以新的次序、新的模式及新的組合一起發射訊號時，我們就會開始

改變自己的思維，因為思維就是行動的大腦。我隨時會設定意圖：我想要成功、想尋找真愛、想要療癒，不過我也時常失望。就跟你們許多人一樣，我也製作過願景板，也曾經反覆肯定自己的新意圖，但有時候結果還是會像大家所說的那樣──「碰壁」。那麼，問題到底出在哪裡呢？喬・迪斯本札說：

問題在於，多數人並未將意圖與揚升的情緒結合起來。當你在當下開始體驗到未來的現實時，這種體驗的最終產物就稱為感受或情緒。有了這樣的感受，身體才會開始相信自己活在未來的現實中。如此一再反覆，隨著時間推移，這種視覺化的觀想畫面與揚升的情緒一結合，就會開始以新方式去觸發及接通新的迴路，使你的大腦表現得就像你所期待的事件已經發生一樣。

揚升的情緒會對身體發出訊號，使身體主動去製造及選擇新的基因，藉此創造出新的蛋白質，讓身體準備迎接這個新事件。

我們思考、行動及感受的方式，就是我們的性格，而性格造就了我們個人的現實。當你開始思考一種新的可能性，而你的大腦也開始以新的次序發射訊號，你的大腦就不再是一個過往紀錄的資料庫，而是成了未來的藍圖。

你要在未來尚未具體呈現之前，就開始以相應的情緒來擁抱你的未來，換句話說，不是等到療癒發生才開始感到圓滿，不是等到迎來新戀情才開始感受到愛，也不是等到功成名就後才開始感受到自己充滿力量，以上這些都是舊的因果模式。

這種新模式的重點在於促成一種結果，也就是想要成功，就必須先感受到自己充滿了力量；想要在生命中擁有愛，必須先感受到對自己以及對生命的愛；想要療癒，就必須先感受到自己已臻圓滿及完整。

關於意圖與揚升情緒結合後所產生的力量，桂格‧布

萊登也分享了一個有趣的故事。一九九〇年代初期，新墨西哥北部的高地沙漠區遭逢百年來最嚴重的乾旱。牲口受難、作物枯死，情況相當惡劣。布萊登的美國原住民友人（為了保護個人隱私，以下稱他為大衛）有一天來電說：「桂格，今天要一起去我們祖先建造藥輪（medicine wheel）的地方祈雨嗎？」桂格想都沒想，一口答應了下來。

他們徒步穿越大片芳香的高地沙漠鼠尾草，這種植物會在你的膝蓋擦過細小葉片時散發出清香。兩人來到一座古老的藥輪旁，大衛坐下後開始脫他的舊工作靴，接著打赤腳走進藥輪中心。

他轉過身背對著布萊登、閉上眼睛，接著雙手結出祈禱手印，默不作聲地祈禱了幾秒鐘。然後，他轉過身看著布萊登說：「我餓了，要一起去吃東西嗎？」桂格感到很意外，他原本預期大衛會吟誦、跳舞或進行某種儀式。「我還以為你要祈雨呢。」他告訴大衛。

大衛解釋說，如果他祈雨，就永遠不會下雨，因為當我們要求某件事發生時，就等於向宇宙承認這件事並不存在。布萊登問：「如果你不是在祈雨，那你剛才在做什麼？」大衛回答：「當我閉上眼睛時，我在感受我們原住

民村子下起大雨會是什麼感覺。我聞到了雨水從土牆滾落的味道，我感受到下大雨時，赤腳走在泥濘的感覺。同時，我也對這場已經下過的大雨表達感謝。」

兩人回到最近的陶斯（Taos）小鎮吃午餐。當布萊登回到家時，他看到了許久不見的景象。大片烏雲籠罩著桑格雷克里斯托山脈（Sangre de Cristo Mountains），等到夜幕低垂，雨水開始落下，這場雨從晚上一直下到隔天下午才停。由於雨勢太大，許多農田都被水淹了，路上也全是積水，牲口也被困住了。

布萊登打電話給大衛：「大衛，這到底怎麼回事？太誇張了！到處都淹水。」大衛沉默片刻後才開口：「桂格，這就是祖先們對於禱告不了解之處，他們也許能求來雨水，但並不知道應該要求多少。」

沒有人能肯定地說大衛的祈禱帶來了雨水。但對布萊登來說，祈禱與烏雲密布的時間有高度的相關性——當地已經長達好幾個月沒有出現過烏雲。桂格從氣象報告得知，高速氣流橫越西部，剛抵達懷俄明州就急轉直下來到科羅拉多州與新墨西哥州，接著轉個彎又回頭，正好來到下大雨的地區。電視上的氣象播報員後退一步，只說了一

句：「哇噻。」

　　某人發自內心的感激，可能會對實際的環境帶來這種影響嗎？那麼，對於自己的療癒力，這種感恩的情緒也會產生作用嗎？這讓我得以用一種全新的觀點去看待祈禱！

「當你心懷感激時，就是自我掙扎的結束。」
　　　　　　　　——尼爾·唐納·沃許（Neale Donald Walsch）

感恩的振動頻率

　　感激是一種強大的創造力，是幫助你擺脫恐懼的好工具。這聽起來非常不錯，但當你面對令人害怕的事物時，想要進入感激狀態真的不容易！我知道，當我生病或痛苦時，很難抱持著正面想法或心懷感激，因為疼痛、噁心或虛弱會吞噬一切。話雖如此，我也意識到，即便是最黑暗的日子，還是總能找到值得感恩的東西。哪怕只是感激你的心臟今天依然在跳動，你可以從這裡開始。無論你拿到的是一分錢或一百萬，你心裡的感激頻率都一樣強大。就像任何值得你投入的事，感激也需要多加練習。

. . . .

改變情緒的收穫

一般人在醫生診間聽到自己罹患了類風濕性關節炎、多發性硬化症、癌症或糖尿病時，最普遍的情緒不是恐懼，就是悲傷。他們當然可以產生各種正面的想法，也可以說「我一定會戰勝病魔」，但如果他們感到恐懼，這種正面的想法就永遠無法通過腦幹進入身體，因為這與身體的情緒狀態不一致。你必須讓患者改變他自己的情緒狀態，然後轉換為感激狀態。為什麼是感激？因為我們有所收穫時，通常都會心存感激。

如果你在感激的狀態下表達感謝，你的身體會認為自己一定有所得，因為感激的情緒一出現，就意味著這件事情已經發生了。因此，我們越是感覺到身體的療癒已經發生，並對已發生的療癒現象心懷感激，就越能驅使我們的身體生成神經細胞，進而建立連結，促使大腦分泌能反應療癒效果的化學物質。

——喬・迪斯本札醫師

感恩的祕訣

對你的念頭保持覺知，留意它何時開始偏離正軌，並將它們拉回到感激的狀態。這種做法就是一種冥想形態。將你要感激的人事物列出一份清單，對於你所期望的東西心懷感激，就像你已經擁有了一樣。感謝詞聽起來像這樣：「我很感激自己擁有絕佳的健康與能量，使我能再次跟孩子一同玩樂。」或是「我很感激自己能夠康復、擺脫藥物，不再感到疼痛。」

在產生念頭的同時，要去想像這些情景，並感受自己的感激與快樂，就像這一切真的發生了。畢竟在存在著無限可能性的國度中，這些可能性都確實存在，也如同本書專家及古代的智者所說的，感恩的情緒與信念能幫助你召喚來這些體驗。

「所以我告訴你們，凡你們禱告祈求的，無論是什麼，只要信是得著的，就必得著。」

—— 馬可福音 11:24

在天主教家庭中長大，我從小就對聖經的教誨深信不疑，尤其是馬太福音這一節：「因為無論在哪裡，有兩三個人奉我的名聚會，那裡就有我在他們中間。」我始終相信，這代表當兩個以上的人在一起為同一件事禱告時，禱告的力量就會更強大。第五章提到伊莉莎白在急診室的經驗就是一個例子，她醒來後才發現原來有上百人同時在臉書上為她祈禱。

二〇〇八年，我在愛德國際心靈中心修習麥可‧貝克維開設的課程，他分享了我至今仍然無法忘懷的一個故事。他談到自己對毫無存活希望的患者獲得完全緩解的例子非常感興趣，不管是什麼原因，這些人都康復了。他舉的其中一個例子是一名女學員，她請全班學員一起幫她祈禱，讓她能在腎臟移植名單上取得較高的順位。貝克維問她：「為什麼我們不祈禱讓你的腎臟能夠好起來呢？」她說：「不行，醫生說這種罕見疾病無法治癒。」

　　兩個人開始爭辯到底應該怎樣禱告才對，最後貝克維提供以下建議。他問全班學員：「有多少人今天起床時，感謝過你們的腎臟還能正常工作？」沒有人舉手。接著他告訴大家，今天他們每一次上完廁所後，都必須感謝自己的腎臟，並且祈禱那名女學員能夠擁有完美的腎臟。他對女學員說道：「我希望你能想著身體內其他正常運作的器官，並且對它們表達感謝。」貝克維還要求她每天讀歐內斯特・霍姆斯（Ernest Holmes）的健康教科書《心靈科學》（*The Science of Mind*）中，其中一段關於腎臟的內容。他還表示：「在你感謝身體的其他部位時，你要對痊癒的可能性保持樂觀、開放的心態。這樣做也許有用，也許沒用，我無法打包票。」

　　大約過了一個月後，這個女學員在課堂上宣布自己的腎臟已經恢復運作，不需要再進行移植。貝克維說，這次的經歷激勵她採取更健康的生活方式，過了十幾年後的現在，她的腎臟仍然正常運作。這個故事證實了喬・迪斯本札與桂格・布萊登所說的，感恩的情緒真的有奇效，也證明了「兩人以上一同祈禱」的力量。集體的意圖和禱告能讓願景更真實、更強而有力！

· ·

禱告，化阻力為助力

我的禱告、冥想及感恩等充滿關愛的念頭，要如何影響跟我共處一室或甚至遠在世界另一端的人呢？答案是，因為我們是透過所謂的纏結（entanglement）現象相互連結在一起。纏結是物理學術語，它告訴我們，原先同屬於一個整體的物體，即便相隔幾英里或甚至幾光年，仍然會透過能量彼此相連結。

這點為什麼很重要？因為假如我們回溯的時間夠久遠，在大霹靂的能量大爆發之前，有一個時間點，你、我及地球都是連結在一起的。在物質層面上，大霹靂發生時，粒子開始分離，但在能量上卻彼此相連。我們都是這片大地的一部分，也是彼此的一部分，這使得你我都有能力以某種方式去參與自己及所愛之人的身體療癒。不過，關於這些方式，科學才剛要開始了解。

——桂格・布萊登

信念可以看成是意識的其中一個面向。有些人說：
「我沒什麼信念。」事實上，每個人都抱持著某種信
念。你要不是對「可能性」抱持信念，就是對「可能
性不存在」抱持信念。**某種程度上，我們更相信癌症
會殺死我們，而不相信上帝的力量、奇蹟的力量、無
限可能的力量以及其他任何能阻斷疾病發展的力量，
彷彿只有眼見為憑、觸手可及的東西才值得相信。**

——瑪莉安・威廉森

　　喬・迪斯本札把集體意圖納入他的進階療癒工作坊。
在為期七天的課程中，前幾天學員們透過揚升情緒在冥想
及「超越自我」時，達到了心腦諧振的狀態。在當週課程
接近尾聲時，學員分成了八組，每一小組的學員把最需要
療癒的那個人圍在中央。每個小組把分好的組別稱為「籠
子」，組成療癒籠子的學員在引導後進行冥想。一旦他們
平靜下來、進入心腦諧振的美妙狀態，接著就會透過雙手
將這股諧振能量傳入每一小組的中心位置，傳給中間躺在
地上的那個人。

　　喬‧迪斯本札表示，集體療癒的效果非常好。有人從輪椅上站起來，有人治癒了末期癌症，有人重見光明，有人恢復了聽力，也有人的腫瘤消失了，而且神奇的是，小組成員對患者發送能量的時間只有短短十分鐘。喬‧迪斯本札解釋：「見證一次重大的療癒純屬奇蹟，兩次是巧合，但我們一次次地看見人們在沒有外力的情況下恢復健康，這完全是能量在發揮作用。而當這一切屢試不爽，必定能找到科學上的解釋。」

　　他接著跟我分享已故耶魯大學研究員哈羅德‧薩克斯頓‧伯爾（Harold Saxton Burr）的研究，以及他在生物電磁場方面的發現。根據伯爾的研究結果，發出磁場的不是物質，而是磁場的能量信號組織並創造了物質。因此當你改變磁場時，你也改變了物質。

　　更引人入勝的是，發送意圖及能量的人也會經歷深度的療癒，因為他們不斷將自己的能量轉變為高振動相干態（high-vibration coherent state）*。多麼美妙地體現了聖方

----

* 編按：相干態（coherent state），是指個體與群體之間存在著某種關聯性，且彼此的行為會趨向一致性，這種情形不會因為個體的分離而消失。

濟禱詞（prayer of St. Francis）的名句：「給予時，我們
便有所得。」

　　纏結、量子物理學與聖經這一類聖書，對於祈禱與意
圖能發揮作用的原因都各有一套解釋。人們造訪世界各地
的聖地，接受來自能量渦流、治療師、神祕儀典及聖水的
療癒。就像從印度聖地露德（Lourdes）或人們長途跋涉
去朝聖的其他宗教聖地所取來的療癒聖水，我認為我們永
遠無法肯定療效是源自信念的力量（安慰劑效應），或是
上帝的神蹟。我所知道的是，當你擁有最強的信念，就能
帶給你最強大的療癒。

　　無論是對藥物、對上帝或是對身體神奇自癒力的信
念，你都應該從信念最堅定的地方尋求幫助，把療癒的可
能性最大化。對某些人來說，或許這意味著做化療及放射
線治療（不過，我還是建議在尋求常規療法的前後或療程
中，不妨翻閱本書提到的九大關鍵要素，藉此來治療心
靈、情緒及精神），對其他人而言，或許這意味著辭去充

滿壓力的工作、到神聖的療癒場所旅行，或是參加本書提到的進階療癒工作坊或研習營。

跟隨你的心、聽從你的直覺，你將永遠不會誤入歧途。就如瑪莉安·威廉森所提醒我們的：「捫心自問，指引就會落在你腳下。」

「你所尋找的，也在尋找你。」

—— 魯米（Rumi）

第七章重點整理

- 瑜伽與冥想等古老的修煉法，幾乎不用花什麼錢就能幫我們的身體重拾平衡。科學正在證明這些方法不只是精神及心靈層面的修行，對於身體機能也能帶來確實、可量化的益處。
- 冥想有許多不同種類。只要肯經常練習，就是轉變身心的最強大工具。
- 視覺化與想像力的結合運用，能激發我們天生的療癒能力，幫助我們從各種傷害與疾病中康復，同時

對於減輕疼痛也有效果。

- 意圖加上揚升的正向情緒，可以發揮強大的效果，催生出我們所期待的現實。這種新模式意味著，想要讓療癒發生，必須先感受到自己已臻圓滿及完整。

- 感恩是一種強大的創造力，也是幫你擺脫恐懼的好工具。我們越是能心懷感激，就像療癒已經發生一樣，我們的身體就越能建立起反應療癒效果的連結。

- 擁有最強大堅定的信念，能帶來最強大的療癒作用。

- 我們互相連結，也是彼此的一部分，這使得我們有能力去參與彼此的療癒。集體意圖與集體禱告，能發揮更真實、更強大的影響。

療癒力一直與你同在：
沒有治不好的病，
只有治不好的人

　　我們的身體會不斷生長及再生。在嬰兒成長的過程中，我們可以清楚地看見這種狀態；我們身上的毛髮、指甲，以及皮膚從擦傷或瘀青中復原，都可發現這種現象。事實上，我們整個身體由內而外都在一直經歷著修復及重生的過程，而且不同的身體系統，其再生速度也不一樣。你的骨骼細胞會不斷死亡與再生，要讓全身骨骼完全汰舊換新一遍，需要十年的時間；你的胃壁與腸壁每天都會因為消化作用的摩擦而耗損，每隔五天就會換新一次；你全身上下的皮膚細胞，每二到四週就會整個翻新一遍；你的肝細胞，每三百至五百天就會完全被新細胞取代。此外，每隔一百二十天左右，你身上所有的紅血球也會完成汰換。

　　假如這所有老舊細胞都會死亡，並且被新生的健康細胞所取代，那麼，我們為何還會病痛纏身呢？

答案可能就在我們的意識之中。新生的健康細胞會回應我們對身體及生命的心態、情緒與信念。還記得布魯斯·立普頓是怎麼說的嗎？他認為，我們對生命的感知，會為我們的細胞創造出不同的內在環境。假如我們告訴細胞：「我生病了」或是「我得了癌症」，新生細胞就會繼承相關的化學作用，讓相同的故事延續下去。我們必須撕掉這些標籤，停止一再去認可我們不想要的狀態。但知易行難，做比說要困難多了，因為當我們處於恐懼之中，所思所想的都是最糟糕的處境，很難從當前的處境抽離出來。然而，只要我們理解萬物都是能量，包括我們所說的話以及所想的念頭都一樣，我們就能開始想像不同的可能性，以及開始訴說新的故事。

為細胞說個新故事

你的念頭及你說的話都會為自己創造實相。你的身體每天都會製造新細胞，所以千萬不要將你不想要的東西告訴身體，而是要開始告訴身體你想要的，看看會

出現什麼變化。也不要讓別人往你身上貼「我得了癌
症」或「我有多發性硬化症」的標籤，讓你每天都在
告訴自己這件事。如果不想要，就把標籤撕掉，這副
身體是你的。當你每天早上醒來，記得跟新細胞打聲
招呼：「謝謝你們為我帶來圓滿、健康的人生；我的
身體強壯又健康；我心懷感激；我很富足。」

——羅伯・威爾根

別忘了我們的身體是活的、是會動的。事實上，宇宙
萬物隨時都在活動，可能只有擺在博物館裡的東西才
會靜止不動。古希臘哲學家赫拉克利特（Heraclitus）
說過：「沒有任何人能走進同一條河裡兩次，因為人
永遠是新的，河水也一樣。」你的身體隨時都在變
化，你不會擁有兩副一模一樣的身體，每當你進食、
呼吸、消化、代謝、吸氣、吐氣、思考及體驗這個世
界，你的身體都在活動。

倘若你想改變身體，就必須跨進記憶之外的層次，才
能把快樂的新記憶帶入，汰舊換新地取代傷痕累累的

舊記憶。這樣一來，你就有機會重新形塑你的身體。

想要重塑你的身體，必須先讓靈魂甦醒，別無他法。

——狄帕克‧喬布拉博士

理論上，如果我們每天都灌輸新生細胞對身體狀態的舊信念，以及在心智中一遍遍地確認負面標籤，就可能促使疾病成為久治不癒的痼疾。相反的，如果我們能夠開始整合新的信念系統，例如艾妮塔‧穆札尼所做的那樣（參見第二章），便能自然地以新的方式為新細胞灌輸新的信念，使我們的身體展開一個新故事。

想要擺脫負面標籤、痛苦與自我設限，方法之一就是運用愛及感恩的正面感受，去創造出更多快樂的記憶，藉此來覆蓋過去的創傷。其中一個好方法就是重新調整我們的目標，並且傾聽及依循內心的呼喚。那些你曾經為了工作、為了負起人生責任、為了滿足他人的期望，所捨棄的東西，你要把它們重新找回來。世上的人，總要等到生死關頭才會幡然悔悟，選擇離開充滿壓力的工作、花更多的時間陪伴家人、欣賞生命中的小確幸、從事讓內心高歌歡

唱的活動，以及開始享受「最後的日子」。然而，這恰恰是他們開始自癒的時刻。

　　不要等到令人絕望的診斷結果出來，才開始潛入及運用我們的內在意識，才開始去過我們原本應有的生活！我們每天都能做出大大小小的選擇，將我們的身體與心智、心靈及性靈聯繫在一起，並且打造更有意義、更充實的人生。無論你是否面對令人沮喪的診斷報告，或是正在處理令人不快的症狀，或是單純想要盡己所能地預防嚴重的健康問題，都應該開始覺知到你所抱持的信念以及自我灌輸的故事。多花點時間照顧自己，留意身體要傳達給你的訊息。開始靜下心去聆聽內在的聲音，以及聽從你的直覺。並且記得，細胞會聽命於你腦袋裡的想法以及你說出口的話，所以開始為它們訴說新的故事吧！剛開始，你或許覺得這有點瘋狂或傻氣，但就像所有的轉變過程，你需要的是練習與投入。我們的心智很容易落回到負面、恐懼的思路迴圈，所以我們每天都必須抓緊韁繩，將心智導向我們所渴望的正確方向。只有如此，身體細胞的生理機能才會從善如流。

　　那麼需要多久，轉變才會發生？每個人的療癒過程都

不一樣，不過大衛・漢密爾頓告訴過我一個有趣的故事，讓我了解我們的意識能對身體帶來多麼快速、強大的影響。他跟我說，有一種精神病症稱為解離性身分障礙（dissociative identity disorder），也就是過去所稱的多重人格障礙。當患者進入完全不同的人格時，可能會引起生理上具體的立即改變。在一個知名的案例中，有位解離性身分障礙的女患者表示，她其中一個人格對柳橙汁過敏。她在精神科醫師面前喝下柳橙汁後，手臂上隨即出現蕁麻疹的過敏反應。過了一陣子，在轉換為另一個人格後，也在同一位精神科醫師面前喝下柳橙汁，結果本來在身上的蕁麻疹短短幾秒內就消失得無影無蹤。

喬・迪斯本札告訴我們，人格源自於我們對生命的信念，並創造出我們個人的實相。就如大衛・漢密爾頓所解釋的，我們的信念是如此強大，足以促成不可思議的事，而且有時只是一眨眼的功夫！

你身上貼了哪些標籤，讓你一再灌輸給你身上的細

**胞？你可以告訴細胞什麼樣的新故事？每天早上，你能否
對自己說三句肯定語？例如，我心中充滿了快樂；我覺得
活力充沛；我的健康狀態非常好，我對此充滿感激。**

我在本書中概述了創傷、負面情緒與潛意識信念都可
能導致疾病，因此需要透過更全面性的方法來療癒。但你
也許會納悶，為什麼有些孩子天生就帶著疾病，或是小小
年紀就生病？他們的疾病當然不是壓力累積的結果，也不
是沒能處理好傷痛或是消極信念所導致。天真無邪的孩子
怎麼會生病？是業力嗎？還是命運？他們是否在來到這個
世界之前，就選擇這條路作為靈魂進化的方向？或是在出
生前就受到來自父母的壓力、毒素及負面潛意識的影響？

天真無邪的孩子為何會生病？

從靈性觀點來看，我發現許多人選擇來到這個世界
時，就已經知道會經歷某些磨難。他們是來幫助其他
人提升覺知，並分別從個人與群體的層面讓靈魂進化

至更高層級。所以我們不該這樣看：「這個人一出生就生病了，怎麼回事？」這些人中有很多人都是帶著特殊的天命而來的。再從現實層面來說，比起過去，現在的小孩出生時就受到更多毒素的影響。

——麥可・貝克維博士

我們其實都知道（這可不是什麼祕密），許多癌症是從何而來：它們與食物、空氣及土壤中的化學物質有關。那麼，人類意識也會導致癌症嗎？當然，但未必直接跟患者本人的意識有關。

——瑪莉安・威廉森

我們由此跨越了科學與靈性的邊界，以及諸如業力、天命或命運一類的宿命用語。毫無疑問的，當美麗的孩子降生到世上，他們的身體、細胞與 DNA 都會對我們所創造的環境及條件產生反應。我們的任務，就是學習如何讓環境與條件變得更理想。

——桂格・布萊登

　　無論是什麼情況，愛、信念與意識都是幫助孩子療癒的關鍵。零歲到七歲的孩子，會對照護者的潛意識信念與行為照單全收。當胎兒在子宮內成長時，父母就必須對自己的情緒保持覺知。而當孩子被診斷出嚴重病症時，我們也必須高度察覺自己在孩子面前是否表現出恐懼、是否有不當的言語。我們必須像自己被診斷出疾病一樣地自我教育，並且採取所有相同的工具與原則。此外，我們必須盡己所能地，不僅強化孩子的免疫系統，也要強化孩子對潛能的信念。孩子比我們更能親近靈性世界，也擁有極為強大的想像力，那是我們必須幫孩子發掘出來的力量泉源。

　　假如你身邊有人（不管是孩子或其他親近的人）被診斷出嚴重疾病，或是正在受到慢性病折磨，你應該怎麼做？我曾經詢問過專家，我們要怎樣做，才能指引及支持需要幫助的親朋好友？

社會支持的療癒效果

　　要達到我所期望的完全緩解，提升社會支持是療癒的

九大關鍵要素之一。我希望聽到的是，他們從朋友及
家人身上感受到滿滿的愛，而不是強調這種感受能幫
助他們療癒。能感受到朋友及家人的愛確實很美好，
但從科學觀點來看，我並不清楚這是否能幫助你的身
體療癒。不過，完全緩解的康復者卻很清楚地知道：
「這能幫助我的身體對抗癌症。」我再次檢視採隨機
對照實驗所進行的那些研究，發現能夠感受到自己擁
有強大社會支持人脈的人確實更長壽，而他們只需要
相信有人愛著自己，那就夠了。

假如你能夠感受到滿滿的愛，知道有人對你伸出援
手、支持你、想要幫助你走過這個過程，他們就是在
協助你的身體進行療癒。因為一旦你相信別人愛你，
就會啟動催產素反應，而催產素的分泌能帶動白血球
數量增加，提高免疫機能。不管是幫忙送餐、跑腿或
發送寫著「我想你」的郵件，都是在幫你所愛的人療
癒。**我的許多研究都證實，我們對自己的人生及健康
擁有超乎想像的影響力。我們不是只能束手無策。**即
便只是微不足道的小事，都能幫助你所愛的人建構更

強大的免疫系統，而這就是他們最需要的療癒利器。

——凱莉・透納博士

我們現在知道，參加互助團體或精神支持團體的人，在被診斷出罹患危及生命的疾病後，平均存活壽命是其他同類患者的兩倍。我們也知道，受到他人祝禱的患者可以更快離開加護病房。在我看來，我們最需要重新去觸發的，就是我們的慈悲心與同理心。面對病人，首先你要能感同身受地表達出「我覺得很難過」，因為剛被確診的病人最不需要的，就是聽到別人說教。這其實很有趣，因為神聖的心、與生俱來的智慧不會有「我該做什麼？該說什麼？」的疑問，而是會去找出存在於對方生命中的那些愛及慈悲。如果你需要說些什麼，你的心會告訴你。也許你會推薦一本書，也許你會邀請對方參加靜心課程，或者你會想為對方說個故事。

有時候，在一個人剛剛被確診時，你只要坐在一旁陪著他，或甚至跟他一起哭，都能對他有幫助。參與到

對方的狀態中，跟對方合而為一。語言、文字不只是
符號，它們可以是緊握著對方的手，也可以是「我會
陪你接受化療」的那份心意。

——瑪莉安‧威廉森

我的父母是虔誠的教徒，所以我從小就對聖經故事很
熟悉且入迷，比如耶穌治癒痲瘋病人的故事，還有祂所創
造出來的許多奇蹟。現在我知道，自發性痊癒的概念可以
套用於所有的宗教信仰。療癒不是一種偶然發生的神奇體
驗，也不是任何一種信仰或醫療科學所獨有，而是與形而
上學、科學及靈性之間有著不可否認的密切關係。

看穿虛妄的假象

奇蹟是由信念而生。當耶穌看著痲瘋病人時，他看穿
虛妄的帷幕，也就是說，祂感知到的不再只限於表象
的肉體。當祂看穿對方的肉身時，就發展出所謂的聖

靈視界，這便是寬恕的真義。整個形而上學的觀念，就是「精神是真實的，而物質則是虛妄的」。

佛陀說萬物皆虛妄，《奇蹟課程》（*A Course in Miracles*）也說一切都是虛幻；愛因斯坦則表示，眼下這完整、實質的三維現實，只是冒充成最終的現實。所以，即便你的身體患了痲瘋病，但你的靈魂沒有。你的靈魂同樣完美無瑕、永生不死。它既不會生病，也不會死亡。耶穌並未將祂的覺知局限在痲瘋病的層次，而是完全看穿疾病，所以祂不認為有痲瘋病存在。祂的信念如此強烈，以至於在耶穌身邊的痲瘋病人也不再相信有痲瘋病。一旦病人認為疾病不存在了，他也在此刻看穿了假象，因而得以痊癒。耶穌的心治癒了幻象，佛陀及其他導師也一樣。

因此，創造奇蹟的人代表他們做了不同的選擇。不論在各種處境下，我們的任務，就是接受觀念上的修正。我們大多數人都沒能達到耶穌的境界，但《奇蹟課程》表示：「你可以達到本身能力所及的最高思想

境界，而神會帶領你走向之後的道路。」

——瑪莉安・威廉森

．．．．．．．．．．．．．．．．．．．．．．．．．．．．．．．．．．．．．．

我們如何將形而上學的教誨運用於更實際、更具體的事物上？雖然我們可能無法展現出耶穌、佛陀及其他導師那種鼓舞人心的天賦，但事實上，我們確實擁有自己的天賦，有能力在有生之年做出貢獻。我們都帶著獨特又重要的目的來到地球，甚至有可能會影響我們的健康。當我們否定自己的目的及熱情時，便是在抗拒內在本具的天生智慧，而正如我們目前為止所了解的，抗拒會阻礙能量流動，導致能量停滯與疾病。

．．．．．．．．．．．．．．．．．．．．．．．．．．．．．．．．．．．．．．

重新與你的人生目標連結

完全緩解的癌症患者徹底改變了自己的生活，而他們願意這樣做的關鍵，在於他們想通了自己為何仍想活在地球上的這個身體裡。重新與生存的意願建立連

結，相當重要。大多數人是因為渴望與家人在一起、想要有個孩子，或是想看著孩子長大。但我也訪談過許多沒有孩子的人，他們說：「你知道嗎？我其實不怕死。當我的氣數已盡，我就會從容死去，但在那之前，我想先寫完這本小說。假如我能在地球上留下一樣東西，我會選擇這本小說。」也有人說「這幅畫」或是「我想在過世前爬吉力馬札羅山」。他們想到了這些理由，而這帶給他們生命力，或者說是「氣」。

我在中國上海訪談過的其中一位中醫師說，癌症就是元氣的耗損。你的元氣會不斷離開身體，如果未能及時補充，就無法有足夠的元氣維持身體機能的良好運作。他說，當他為癌症患者把脈並觀察舌頭時，發現患者的生命力都非常弱。他們的「氣」幾乎排空了，卻一直無法補足。透過重新連結上你的人生目標，你就是在補充身體裡的氣，讓氣充滿你的內在，並提供能量使各個身體系統得以運作，包括你的排毒系統。

——凱莉・透納博士

我們注定要走上這條路，而路上一定會遇到岔口。當我站在岔路上，我有兩種選擇。假如我選擇安逸平順的道路，我的症狀就會顯現，因為這對我的靈魂有害。只要我的靈魂偏離對我最有用的那條路線一步，我就離自己降生在這個宇宙的目的更遠了一步。而當我選擇最適合我的正法之路，即便看似對我毫無助益，但終將使我的元氣暢通無阻，使我成為世界上最快樂的人。

——傑佛瑞・湯普遜醫師

專注於生命；專注能帶給你愉悅的事物；專注於愛，專注於你所愛的人，將每一天都用在使你感覺良好的事物上。想想「緩解」（remission）的真正意義——「記住我的使命」（Remember my mission.）。現在該是你憶起使命的時刻了。

——艾妮塔・穆札尼

「沒有治不好的病，只有治不好的人。」

——伯尼・西格爾醫師

我喜歡伯尼・西格爾的這句話。但這不是說，如果有人無法痊癒，一定是他們做錯了什麼。這句話的意義並非責備。療癒會發生在不同的層次及時間線上，即便有誰在身體層次無法完全痊癒，通常也能獲得無比的快樂、恩典及自由，因為他們確實與自己的目標、心愛的人或熱愛的事重新建立了連結。**最終，我發現療癒一事，是屬於心靈層次的。**這是一趟超越自己、超越小我，以及超越匱乏感及分離感等幻覺，回歸到靈魂層次的圓滿與愛的旅程，也就是回歸到真正的我。根據許多靈性傳統教義，最終的關鍵在於超越我們對死亡的恐懼。有什麼能比擁抱愛更能克服恐懼的呢？想要回歸到愛，就要相信宇宙、生命與上帝（無論你用什麼名稱來定義「萬物源起」）永遠都在支持我們，而不是跟我們作對。我們在路途中所經歷的任何挑戰，都是為了幫助我們的靈魂進化。正如艾妮塔・穆札尼跟我們分享的，我們離開肉身後會回歸到無條件、無法言喻的愛，因此一點都不需要害怕。

　　我們的想法、信念及情緒都對我們的健康，具有超乎我們想像的影響力，而且我們對於健康與生命的掌控力，也遠高於過去被灌輸的觀念。我希望透過這本書，能讓你得到一些啟發，對於人體的神奇本質及卓越的自癒力有個全新的理解。我希望你能由內而外地感受到身心靈之間的連動變化，也希望你從此有能力在自己的靈性旅程上一步步前進，走向更理想的健康及更充實的人生。

　　奇蹟就藏在無限潛能中，正等著你，那是你應得的。

專家們的最後提點

療癒其實是一種強大的啟示，揭露出我們深藏於內的完整自我。我們並非在自己身上多加了什麼東西，而是除掉了遮蓋住療癒作用的雜質。這種感覺就像是回到家一樣，而事實上，在你的心智被恐懼和擔憂纏上之前，你本來就是圓滿無缺的。療癒，就是讓圓滿無缺的你重見天日的過程。

——麥可・貝克維博士

以我之見，我們不能只是說：「親愛的上帝，請治好我的癌症」或「親愛的上帝，請治好我的糖尿病」；而是應該說：「親愛的上帝，請療癒我的生命；親愛的上帝，請療癒我的心。」我知道有許多曾經有性命之危的重症患者，即便身體沒能完全康復，也能感覺到其他部分已經痊癒了；其中有些案例甚至過得比以往更有愛、更快樂、更幸福。

——瑪莉安·威廉森

當我想到我們如今所知道的一切，以及我們祖先傳承五千年的智慧，就讓我領悟到關於存在的道理其實非常簡單：我們越是了解自己，就越能更好地接受生活帶給我們的一切。

——桂格·布萊登

這個星球上的任何人，看見新生兒時都會打從心底感到生命的珍貴……然而，你卻在人生的某一時刻決定不再讓自己如此珍貴。於是，你開始糟蹋自己。如果我能讓大家意識到自己有多麼珍貴，意識到自己就是

生命的一種表達……你是獨一無二的，你是八十億分之一的奇蹟，你非常特別。我可以保證，很多人都沒有給自己足夠的愛及關懷。一旦你了解到自己有多珍貴，神奇的療癒就開始了。

——彼得·克隆

我的療癒重點在於，要認識身心的連結，因為你的心智每分每秒都在對身體施加強大的影響力。如果我們能了解影響是如何發生、如何運作的，就能藉由主動的選擇，把注意力放在身心連結上。

——大衛·漢密爾頓博士

我當初會做這個研究，是因為每天都會遇見在渺茫機會中戰勝末期癌症的人。如果他們能做到，而且我每天都會見到新的成功案例，那麼就意味著，總有一天每個人都能做到。這樣的消息，真的讓人充滿了希望。我們或許還不清楚要怎麼做、也不清楚該做哪些事才能跟他們一樣成功。但是，這些案例確實存在，而且成功者越來越多，這讓我意識到一點：療癒隨時

都可能發生。即便你已經「一隻腳踏進了死亡之門」，你仍然能夠扭轉一切。這讓我很振奮。

——凱莉・透納博士

你是療癒的當事人，應該比你的醫生更了解自己的能耐。只要 Google 一下，或是利用搜尋引擎 PubMed，或是到國家醫學圖書館找資料，多種管道都能幫你找到所需要的資訊，其中有些能派上用場，有些則用不上，而你憑直覺就能了解哪些資訊比較合理。接著，你可以在身心醫學、心靈療法、藥草、飲食、藥物與環境等領域中盡情探索，能夠創造生命體驗的東西都不要放過。最後一點是，克服你對死亡的恐懼，因為只有你的體驗會死去，而你不會。

——狄帕克・喬布拉博士

你的身體愛你、無條件地愛你，絕不會讓你失望。要有耐心、要慈悲。過好每一天，最後你會康復。無論你已經病了多久，你一定能痊癒，永遠記住這一點。

——安東尼・威廉

我堅信，每個人都有改變自身經歷的潛力，而不僅僅
是緩解症狀。不只是消除頭痛、多點活力，或是睡得
好一點，而是要真正改變你的體驗，使你能夠自我主
宰、確立人生目標，並且與已經存在的宇宙網絡建立
連結。關鍵在於，你要喚醒這種意識並置身其中。這
就是真正療癒的美妙與承諾。可惜的是，常規醫療模
式未能提供這樣的選擇。我期望藉由我們的共同成
長，能夠吸引更多的人一起構築出一個截然不同的醫
療體系。

——凱莉·布羅根醫師

我認為，對生命及健康的一個最重要的觀念，就是我
們並非遺傳基因的受害者，以往我們所接受的觀念並
不正確。所謂的受害者是無能為力的，不用背負任何
責任的。「假如我控制不了，為何要去在乎我是否該
採取哪種作為？」我們要明白的是，我們其實據有絕
對的控制權，可以改變自己的生理機能。你可能會罹
患癌症，就像我的摯友艾妮塔·穆札尼一樣。艾妮塔
的瀕死經歷，讓她發現她所受的文化及實際人生相互

衝突，因而導致了她的疾病。透過解決這些衝突，她得以從腫瘤學家都認為回天乏術的狀態下康復。改變信念，你就能逃離鬼門關。

——布魯斯・立普頓博士

生命並不完美；生命是歷練與實踐。那麼「實踐健康」又是什麼概念呢？健康的人都擁有健康的習性與行為，你不只需要閱讀健康資訊，更應該要付諸實踐。跌倒了再爬起來、全心投入、去挖掘、去追求。你要勇敢，你要尋求他人的協助，詢問他人成功的故事。永遠不要放棄。

——戴倫・魏斯曼醫師

關於療癒的重點？我的回答是：一切皆有可能。擁抱希望，那是你最強大的盟友。當你真正愛自己，就會意識到自己是一個神奇的存在。一旦你治癒過往的傷痛、擺脫一直困擾你的憂慮，就會發現療癒開始了，感覺好極了。你會覺得自己輕盈得就像一片羽毛。

——瓊恩・波利森科博士

我認為，當我們從忙碌的生活中抽出時間投資自己，也就是把自己當成一個半成品，並開始決定不要哪些想法、應該改掉哪些行為，以及要轉化哪些情緒，如此日積月累後，就能消除阻礙、摘下面具，拋掉阻擋我們神性流動的虛假外表。當我們開始做這樣的工作，神聖的智慧就會在身體內重新流動。現在，來到了歷史上的一個重要時刻——人類正在尋找答案，而且開始相信自己。我認為對於自己以及無窮潛能的信念，會讓生活處處充滿驚喜。當我們與內在神聖智慧的意志、對生命的愛都能步調一致時，生命必然會回應我們的召喚。

——喬・迪斯本札醫師

致謝

　　首先，我要感謝我親愛的先生，在拍攝紀錄片《治癒》及撰寫本書期間，對我大力支持。他非常相信我，給了我勇氣去追隨我的心，去實現我的熱情與夢想。他的鼓勵及信任讓我能夠大膽地逐夢，我的感謝無以言表。

　　由於先有紀錄片才有這本書，因此我想先對拍攝這支影片的幕後推手們表達由衷的謝意，感謝你們的全心投入：我的製片夥伴 Adam Schomer，這是我首次執導影片，但他自始至終都相信我的願景並支持我的直覺。他協助人們時的無私熱情、孜孜不倦的職業道德、遭遇困難時的幽默感，以及在意識類製片領域的經驗，才能讓這一切成為可能。感謝 Richell Morrissey 在早期階段出任創意製作人。感謝 Christopher Gallo、Ana Amortegui 的攝影技術，把這部影片拍得美極了。謝謝 Christopher Gallo 教導我相信自己的直覺、發現自己的力量，並讓我透過嶄新的視野來看待這個世界。謝謝 Ana Amortegui，你是我工作時的明燈及開心果。特別感謝才華橫溢的編輯 Tina Mascara，她擁有強大的說故事能力，即便經過漫長的一天也仍然保持良好的心態。由衷感謝 Michael Mollura 在時間與預算吃緊的情況下，依然為《治癒》打造了最優美的原創音樂。也要特別感謝我負責社群媒體的天才團隊 Mark DeNicola、Ginger Pullman 在推行《治癒》時的奉獻與熱忱。同時也感謝一路走來的其他團隊成員，全心投入自己所奉獻的心血結晶。感謝 Salima Ruffin，出演鼓舞人心及連結眾人的角色。感謝 Connie Ruvalcaba、Andy McBride 謝謝你們在《治癒》製作過程中提供精神上的支持和無微不至的關懷。謝謝 Jessica Duncan，為我與《治癒》團隊所提供的一切協助，從喝不完的咖啡到其他重大事務都一手包辦。謝謝 Matthew DeNicola、Scott Burroughs 毫不懈怠地提供法律服務。最後，還要謝謝 Jim Martin 及我們在 Orchard 的團隊，從一開始就對《治癒》有信心，並認同應該將這個訊息傳播到全世界，非常感謝你們。

如果沒有多位受人尊敬的療癒專家們熱情參與，無論是紀錄片或這本書都不可能完成。我永遠感謝這些年來，他們親自教導我的所有知識，也感謝他們在偶爾乏味的拍攝過程中所表現出的善良和慷慨。麥可・貝克維、桂格・

布萊登、凱莉・布羅根、瓊恩・波利森科、狄帕克・喬布拉、彼得・克隆、喬・迪斯本札、大衛・漢密爾頓、布魯斯・立普頓、艾妮塔・穆札尼、帕蒂・潘恩、黛安・波奇亞、伯尼・西格爾、傑佛瑞・湯普遜、凱莉・透納、戴倫・魏斯曼、羅伯・威爾根、安東尼・威廉以及瑪莉安・威廉森，謝謝你們全心全意地分享訊息，使全世界變得更覺醒、更有愛心。一直以來，你們對《治癒》的支持溫暖了我的靈魂，能夠與你們每個人合作，讓我獲益良多，也讓我感到難以置信的幸運。此外，也誠摯感謝所有優秀的行政助理、董事及專家團隊，使這趟旅程成為輕鬆又愉快的一次體驗。

感謝伊娃・李與伊莉莎白・克雷格願意在《治癒》影片中，跟觀眾分享她們的個人療癒旅程，對於她們的勇氣與慷慨，我要表達由衷的讚賞。祝福你們生活富足、身體健康。謝謝你們成就了《治癒》中我最喜歡的環節。

我要深深感謝 Beyond Words 的出版團隊，他們在整個寫作過程中都非常有耐心地為我提供支持與靈感。寇恩夫婦（Richard and Michele Cohn）是很棒的夥伴，能和這麼優秀、誠實、聰明的人一起工作真是讓人耳目一新。包

括 Emily Einolander、Lindsay Easterbrooks-Brown、Linda Meyer、Emmalisa Sparrow Wood、Devon Smith、Corinne Kalasky、Tara Lehmann 及 Cindy Nickles 在內的 Beyond Words 成員，謝謝你們的辛勞。最後，我還要感謝自由工作者 Emily Han 的洞察力、經驗、思慮周到及情感豐富的文字編輯功力，以及 Linda Sivertsen 有如天才般地投入與支持。

我要特別感謝 Ursula Cary，在我寫作的整個過程中，她溫柔又熱情地與我攜手共度（我們還分別懷了孕，真的）。即將臨盆之際，她還幫我完成此書，隨後便生下她的第二個孩子。你真是如假包換的女超人！感謝 Lori Bregman 為我們兩人牽線！另外，我要再次感謝喬‧迪斯本札，在緊鑼密鼓的演說與工作坊的行程中，他依然想辦法抽空為本書寫下充滿想法又有力量的推薦序。

最後但同樣重要的，我要謝謝我的朋友與家人總在身邊鼓勵著我，一同慶賀生命中的小小成就，並在我艱難時刻不離不棄。我美麗的老媽 Sandy、搞笑的老爸 Marty，還有天才老哥 Ryan，我愛他們勝過全世界，謝謝你們給了我無盡的力量，以及無條件的愛與支持，能有你們當我

的靠山與最強的啦啦隊，我所感到的幸福無以言表。感謝
我最好的朋友 Carolyn，她總是能讓我振作起來，同時讓
我腳踏實地、謙卑謹慎。我的好閨密們是一群狠角色，每
天都用她們的心思、想法、成就以及對彼此無法撼動的支
持來激勵我（你們都知道我說的是誰），謝謝你們真摯的
友誼。我的嫂子 Amy 及姪兒小天使 Declan，謝謝你們為
我帶來照亮生命的光芒。我還要感謝我的婆婆 Tata Marie
Gores，謝謝您生養了一個了不起的兒子，並持續為我們
所有人樹立堅強又充滿愛心的榜樣。

對於所有在療癒之路上透過本書尋求靈感和資訊的
人，感謝你們信任我，讓我能將專家鼓舞人心的智慧以及
在《治癒》影片中披露的真實故事傳達給你們。願上帝保
佑你們，一生平安順遂。

療癒之旅的日常小提醒

　　你現在已經打開了開關，也發掘出了自己強大的自癒力，那麼在你踏上療癒之旅的這一路上，我要給你十條日常小提醒，幫你更順利走到康復目標。你可以每天選一條來專注執行，當然也可以十條全部都不錯過。以下的每一條小提醒，都能幫助你提高覺知，激發出你最強大的療癒潛能。你可以將這幾頁多影印幾份，貼在顯眼之處，或是抄進日誌本裡，藉此激發靈感、探索未知。

1. 隨時對你的想法、信念及情緒保持覺知，因為它們對你的身體健康有著極為強大的影響力。

2. 接受你現在的處境。只有當你接受了，才能繼續向前走，才能做出有力的新選擇。

3. 相信你的診斷報告，但預後要靠你自己去掌握。你的人生擁有無限的可能性，你可以從中選擇你想要的結果，然後專注於這個可能性，相信它必將浮現在你眼前。

4. 找其他醫師做二次或三次診斷，身邊的朋友及治療師最好是正向、積極支持你的人，他們可以為你的希望及信念提供助力。

5. 愛是最棒的療癒力，請善用愛的化學作用。

6. 盡可能攝取健康、未經加工的食物；找時間去戶外走走，享受大自然強大的療癒特質。

7. 學會靜坐冥想，哪怕每天只靜坐五分鐘；把注意力放在呼吸上。冥想有許多種形式，重點在於內心要平靜下來，騰出空間給直覺及靈感。

8. 感恩與寬恕是釋放、超越疼痛和恐懼的兩個強大工具。學會感謝生活中的小確幸；學會寬恕，好把能量用在療癒上面。

9. 結合觀想與揚升情緒，可以帶來你所期望的影響。換句話說，每天花幾分鐘去想像你已經痊癒，同時感受自己康復後重拾興趣的喜悅與感恩。這種正向的感受可以創造療癒奇蹟。

10. 溫柔地善待自己，慢慢來。記得，希望永遠都在。

參考書目

1. Wullianallur Raghupathi and Viju Raghugpathi, "An Empirical Study of Chronic Diseases in the United States: A Visual Analytics Approach to Public Heath," *International Journal of Environmental Research and Public Health* 15, no. 3 (March 2018): 431, https://www.ncbi.nlm.nih .gov/pmc/articles/PMC5876976/.

2. Susanna Schrobsdorff, "Teen Depression and Anxiety: Why the Kids Are Not Alright," *Time*, October 26, 2016, http:// time.com/4547322 /american-teens-anxious-depressed-overwhelmed/.

3. Ramin Mojtabai, Mark Olfson, and Beth Han, "National Trends in the Prevalence and Treatment of Depression in Adolescents and Young Adults," *Pediatrics* 138, no. 6 (December 2016), http://pediatrics.aappub lications.org/content/pediatrics/138/6/e20161878.full.pdf.

4. Jean M. Twenge, "Time Period and Birth Cohort Differences in Depressive Symptoms in the U.S., 1982–2013," *Social In-*

dicators Research 121, no. 2 (April 2015): 437, https://link.
springer.com/article/10.1007/s11205-014-0647-1.

5. "About Genetically Engineered Foods," Center for Food
Safety (website), accessed December 15, 2018, https://www.
centerforfoodsafety.org/issues/311/ge-foods/about-ge-foods.

6. "About Chronic Diseases," National Health Council, last
modified July 29, 2014, http://www.nationalhealthcouncil.
org/sites/default/files /NHC_Files/Pdf_Files/AboutChronic-
Disease.pdf.

7. "Heath and Economic Costs of Chronic Diseases," National
Center for Chronic Disease Prevention and Health Promo-
tion, last modified February 11, 2019, https://www.cdc.gov/
chronicdisease/about/costs/index.htm.

8. Masaru Emoto, *The Hidden Messages in Water*, trans. David
A Thayne (Hillsboro, OR: Beyond Words Publishing, 2004),
39.

9. Emoto, *Hidden Messages in Water*, 43.

10. Ariana Eunjung Cha, "Researchers: Medical Errors Now
Third Leading Cause of Death in United States," *Washington
Post*, May 3, 2016, https://www.washingtonpost.com/news/

to-your-health/wp/2016/05 /03/researchers-medical-errors-now-third-leading-cause-of-death-in-united-states/.

11. "Medical Hypnosis," Stanford Health Care, accessed March 7, 2019, https://stanfordhealthcare.org/medical-treatments/c/complementary -medicine/types/medical-hypnosis.html.

12. "Everything You Need to Know about the Ketogenic Diet," Mercola.com, accessed May 7, 2019, https://www.mercola.com/calendar/2018/keto.htm.

13. Deborah Franklin, "How Hospital Gardens Help Patients Heal," *Scientific American*, March 1, 2012, https://www.scientificamerican.com/article/nature-that-nurtures/.

14. Insook Lee et al., "Effects of Forest Therapy on Depressive Symptoms among Adults: A Systematic Review," *International Journal of Environmental Research and Public Health* 14, no. 3 (March 2017): 321, https:// www.researchgate.net/publication/315474109_Effects_of_Forest _Therapy_on_De-pressive_Symptoms_among_Adults_A_Systematic _Review.

15. Céline Cousteau, foreword to *Blue Mind: The Surprising Science That Shows How Being Near, In, On, or Under Water Can Make You Happier, Healthier, More Connected, and Bet-*

ter at What You Do, by Wallace J. Nichols (New York: Little, Brown, 2014).

16. Sharon Begley, "The Brain: How the Brain Rewires Itself," *Time*, January 19, 2007, http://content.time.com/time/magazine/article/0,9171,1580438,00.html.

17. "Virtual Reality Pain Reduction," Human Photonics Laboratory, University of Washington, accessed January 2, 2019, https://depts.washington.edu/hplab/research/virtual-reality/.

延伸閱讀

麥可・貝克維 Michael B. Beckwith

《展望生命：激發獨特天賦與潛能顛峰的轉變過程》

Life Visioning: A Transformative Process for Activating Your Unique Gifts and Highest Potential (Sounds True, 2011)

瓊恩・波利森科 Joan Borysenko

《關照身體・修復心靈》（張老師文化）

Minding the Body, Mending the Mind (Da Capo, 2007)

桂格・布萊登 Gregg Braden

《無量之網：連結宇宙萬物的母體》（橡實文化）

The Divine Matrix: Bridging Time, Space, Miracles, and Belief (Hay House, 2006)

《設計人類：從偶然的演化到選擇性轉變》

Human by Design: From Evolution by Chance to Transformation by

Choice (Penguin Random House, 2017)

《信念的療癒力：粉碎虛假極限的框架》

The Spontaneous Healing of Belief: Shattering the Paradigm of False Limits (Hay House, 2008)

凱莉・布羅根 Kelly Brogan

《把心還給我：最全面的女性身心靈抗憂鬱指南》（一中心）

A Mind of Your Own: The Truth about Depression and How Women Can Heal Their Bodies to Reclaim Their Lives (HarperCollins, 2016)

朗達・拜恩 Rhonda Byrne

《祕密》（方智）

The Secret (Beyond Words/Atria Books, 2006)

克莉絲・卡爾 Kris Carr

《去你的癌症：面對令人 Crazy 的癌細胞，你只能比它更 Sexy》（柿子文化）

Crazy Sexy Cancer Tips (Skirt!, 2007)

狄帕克・喬布拉 Deepak Chopra

《完美健康：最完整的身心指南》

Perfect Health: The Complete Mind/Body Guide (Harmony Books, 1991)

《量子療癒：探索身心醫學新疆界》

Quantum Healing: Exploring the Frontiers of Mind/Body Medicine (Bantam Books, 2015)

《增強免疫力並常保健康人生的革命性新計畫》

The Healing Self: A Revolutionary New Plan to Supercharge Your Immunity and Stay Well for Life (Harmony Books, 2018)

喬・迪斯本札 Joe Dispenza

《開啟你的驚人天賦：科學證實你能活出極致美好的人生狀態》（三采文化）

Becoming Supernatural: How Common People Are Doing the Uncommon (Hay House, 2017)

《未來預演：啟動你的量子改變》（地平線文化）

Breaking the Habit of Being Yourself: How to Lose Your Mind and Create a New One (Hay House, 2013)

《啟動你的內在療癒力，創造自己的人生奇蹟》（遠流）

You Are the Placebo: Making Your Mind Matter (Hay House, 2014)

韋恩・戴爾 Wayne W. Dyer

《智慧 81：一日一則・改變生命的奇蹟》（橡樹林）

Change Your Thoughts, Change Your Life: Living the Wisdom of the Tao (Hay House, 2007)

《企圖心的力量：學習以你的方式共創自己的世界》

The Power of Intention: Learning to Co-create Your World Your Way (Hay House, 2004)

《夢想的顯化藝術》（生命潛能）

Wishes Fulfilled: Mastering the Art of Manifesting (Hay House, 2012)

江本勝

《水的療癒力》

The Healing Power of Water (Hay House, 2008)

《生命的答案，水知道》（如何）

The Hidden Messages in Water (Beyond Words Publishing, 2004)

《療癒水結晶：以音樂與影像恢復你的健康》

Water Crystal Healing: Music and Images to Restore Your Well-Being (Atria Books, 2006)

珍妮佛・吉斯特拉—科澤克 Jennifer Giustra-Kozek

《無痛療癒：自然治療過動症、失用症與自閉症》

Healing without Hurting: Treating ADHD, Apraxia, and Autism Spectrum Disorders Naturally and Effectively Without Harmful Medications (Changing Lives Press, 2014)

大衛・漢密爾頓 David R. Hamilton

《善良的五種副作用》

The Five Side Effects of Kindness: This Book Will Make You Feel Better, Be Happier, & Live Longer (Hay House, 2017)

《預見療癒》（三采文化）

How Your Mind Can Heal Your Body (Hay House UK, 2008)

《愛自己的科學》

I Heart Me: The Science of Self-Love (Hay House UK, 2015)

大衛・霍金斯 David R. Hawkins

《臣服之享：遇萬事皆靜好自在的心提升練習》（三采文化）

Letting Go: The Pathway of Surrender (Hay House, 2014)

《心靈能量：藏在身體裡的大智慧》（方智）

Power vs. Force: The Hidden Determinants of Human Behavior (Hay House, 2014)

露易絲・賀 Louise Hay

《創造生命的奇蹟：影響五千萬人的自我療癒經典》（方智）

You Can Heal Your Life (Hay House, 1984)

歐內斯特・霍姆斯 Ernest Holmes

《心靈科學：完全版》

The Science of the Mind: The Complete Edition (Penguin Group, 1950)

布魯斯・立普頓 Bruce Lipton

《信念的力量：新生物學給我們的啟示》（張老師文化）

The Biology of Belief: Unleashing the Power of Consciousness, Matter, & Miracles (Hay House, 2005)

《蜜月效應：在人間創造情愛天堂的科學》（一中心）

The Honeymoon Effect: The Science of Creating Heaven on Earth (Hay House, 2013)

琳恩‧麥塔嘉 Lynne McTaggart

《療癒場：探索意識、宇宙能量場與超自然現象》（商周）

The Field: The Quest for the Secret Force of the Universe (Harper-Collins, 2008)

《八的力量：地表最強小型念力療癒場》（橡實文化）

The Power of Eight: Harnessing the Miraculous Energy of a Small Group to Heal Others, Your Life, and the World (Atria Books, 2017)

凱洛琳‧梅斯 Caroline Myss

《慧眼視心靈：從心靈能量檢視你的身體健康》（遠流）

Anatomy of the Spirit: The Seven Stages of Power and Healing (Harmony Books, 1996)

華勒斯・尼可斯 Wallace J. Nichols

《藍色意識：水如何使你更快樂、更健康並改善表現》

Blue Mind: The Surprising Science That Shows How Being Near, In, On, or Under Water Can Make You Happier, Healthier, More Connected, and Better at What You Do (Little, Brown, 2014)

佛羅倫斯・斯科維爾・希恩 Florence Scovel Shinn

《健康、財富、愛與完美自我表現的人生祕密》（柿子文化）

The Game of Life and How to Play It (DeVorss & Company, 1979)

伯尼・西格爾 Bernie S. Siegel

《安寧、愛與療癒：探索身心溝通與自我療癒之道》

Peace, Love, and Healing: Bodymind Communication & the Path to Self-Healing: An Exploration (HarperPerennial, 1998)

凱莉・透納 Kelly A. Turner

《癌症完全緩解的九種力量》（張老師文化）

Radical Remission: Surviving Cancer Against All Odds (HarperOne,

2014)

戴倫・魏斯曼 Darren R. Weissman

《無限的愛與感激之力：喚醒精神的進化之旅》

The Power of Infinite Love & Gratitude: An Evolutionary Journey to Awakening Your Spirit (Hay House, 2007)

羅伯特・惠特克 Robert Whitaker

《精神病大流行：歷史、統計數字，用藥與患者》（左岸文化）

Anatomy of an Epidemic: Magic Bullets, Psychiatric Drugs, and the Astonishing Rise of Mental Illness in America (Crown, 2010)

安東尼・威廉 Anthony William

《醫療靈媒：慢性與難解疾病背後的祕密，以及健康的終極之道》（方智）

Medical Medium: Secrets Behind Chronic and Mystery Illness and How to Finally Heal (Hay House, 2015)

《醫療靈媒・改變生命的食物》（方智）

Medical Medium Life-Changing Foods: Save Yourself and the Ones You Love with the Hidden Healing Powers of Fruits & Vegetables (Hay House, 2016)

《醫療靈媒－搶救肝臟》（一中心）

Medical Medium Liver Rescue: Answers to Eczema, Psoriasis, Diabetes, Strep, Acne, Gout, Bloating, Gallstones, Adrenal Stress, Fatigue, Fatty Liver, Weight Issues, SIBO, & Autoimmune Disease (Hay House, 2018)

《醫療靈媒－甲狀腺揭密》（一中心）

Medical Medium Thyroid Healing: The Truth behind Hashimoto's, Graves', Insomnia, Hypothyroidism, Thyroid Nodules & Epstein-Barr (Hay House, 2017)

佛羅倫絲・威廉斯 Florence Williams

《自然療法：大自然為何使我們更快樂、更健康又更有創意》

The Nature Fix: Why Nature Makes Us Happier, Healthier, and More Creative (W. W. Norton, 2017)

瑪莉安‧威廉森 Marianne Williamson

《愛的奇蹟課程：透過寬恕，療癒對自己的批判》（橡實文化）

A Return to Love: Reflections on the Principles of "A Course in Miracles" (HarperPerennial, 1996)

《勝利的眼淚：焦慮症與憂鬱症心靈療癒法》

Tears to Triumph: Spiritual Healing for the Modern Plagues of Anxiety and Depression (HarperCollins, 2016)

專家簡介

Meet the Experts

麥可‧貝克維（Michael B. Beckwith）

愛德國際心靈中心（Agape International Spiritual Center）
創辦人、作家

麥可‧貝克維博士於一九八六年創辦愛德國際心靈中心，這是一個跨教派社群，由數千名當地會員及全球直播主組成，因為多元性的文化、種族及心靈課程而享譽盛名。貝克維博士開辦了展望生命課程（Life Visioning Process），也是課程中廣受歡迎的冥想導師、專題主講者及研討會召集人。他最新的三本著作：《展望生命》（*Life Visioning*）、《靈性解放》（*Spiritual Liberation*）以及《拓展卓越的舞步》（*TranscenDance Expanded*）皆獲頒鸚鵡螺圖書獎（Nautilus Award）的殊榮。他曾在自己的公共廣播電視公司（PBS）特別節目《答案就是你》（*The Answer Is You*）中現身，也曾主持廣播節目《覺醒：轉變之聲》（*Wake Up: The Sound of Transformation*）。

www.michaelbernardbeckwith.com

瓊恩‧波利森科（Joan Borysenko）

心理神經免疫學家、身心健康服務會（Mindbody Health Service）
執行長

瓊恩‧波利森科是整合醫學的傑出領導者，也是全球著名的身心連
結專家。一九八〇年代初，波利森科博士與他人共同創辦身心診所、
取得心理學家專業執照，並受聘為哈佛醫學院講師。她將多年的臨
床經驗與研究集結成冊，於一九八七年出版《紐約時報》暢銷書《關
照身體‧修復心靈》（*Minding the Body, Mending the Mind*）。此
外，她另有十三本合著作品，並多次參與影音節目的製作，其中包
括公共電視特別節目《繁忙人生的內在寧靜》（*Inner Peace for
Busy People*），她也是科羅拉多州博爾德身心健康科學有限公司
（Mind / Body Health Sciences, LLC）的創辦合夥人，以及克拉麗塔
斯學院（Claritas Institute）跨靈性導師培訓計畫（Interspiritual Men-
tor Training Program）負責人。

www.joanborysenko.com

桂格・布萊登（Gregg Braden）
地質學家、《紐約時報》暢銷作家

桂格・布萊登是享譽國際的跨界研究代表人物，在科學、靈性與現實世界之間建立起溝通的橋梁。一九七〇年代能源危機期間，他在電腦地質學家的職涯上大放異彩，並於一九八〇年代冷戰時期擔任美國空軍太空司令部的高級聯絡員。從一九八六年起，他開始探索高山村落、偏遠地區的修道院及被人遺忘的文獻，將永恆的奧祕與尖端的現代科學融合在一起。他的發現先後催生出了十一本獲獎著作，並翻譯成三十八種語言出版。桂格的成就曾經獲得無數殊榮，包括二〇一六年著名的鄧普頓獎（Templeton Award）提名。代表作品：《無量之網》（*The Divine Matrix: Bridging Time, Space, Miracles, and Belief*）

www.greggbraden.com

凱莉・布羅根（Kelly Brogan）

整體精神病學家、《紐約時報》暢銷作家

凱莉・布羅根醫師是曼哈頓的女性整體健康精神病學家，著有《紐約時報》暢銷書《把心還給我》（*A mind of Your Own*），也是指標性教材《抑鬱症整合療法》（*Integrative Therapies for Depression*）的共同編輯。從康乃爾大學醫學院畢業後，她在紐約大學醫學中心完成精神病學訓練並成為培訓醫師，亦取得麻省理工學院系統神經科學學士學位。布羅根醫師是精神科、身心科及綜合整體醫學專業醫師，擅長從源頭解決精神病症候群及相關症狀。她也是一名合格的 KRI 昆達里尼瑜伽（Kundalini Yoga）老師，育有兩名子女。

www.kellybroganmd.com

狄帕克‧喬布拉（Deepak Chopra）

美國內科醫學院院士、《紐約時報》暢銷作家、演說家

狄帕克‧喬布拉博士是全球知名的整合醫學及個人轉型先驅、喬布拉基金會創辦人，以及 Jiyo.com 與喬普拉健康中心聯合創辦人，《時代》雜誌稱其為「本世紀百大英雄及時代象徵」。狄帕克‧喬布拉是內科、內分泌學與新陳代謝醫師、美國內科醫學院院士，以及加州大學聖地牙哥分校醫學與公共衛生臨床教授。《世界郵報》（*World Post*）及《赫芬頓郵報》（*Huffington Post*）全球網路調查，喬布拉在全球影響力及醫學界思想家分別排名第十七名及第一名。著作超過八十五本，包括二十五本《紐約時報》暢銷書。代表作品：《超腦零極限》（*Super Brain*）、《超基因讓你不生病》（*Super Genes*）。

www.chopra.com

彼得‧克隆（Peter Crone）
腦力與行動力教練、阿育吠陀治療師

彼得‧克隆在英格蘭長大並以優異的成績取得學士、碩士學位，目前是國際公認的身心健康教練、靈性導師及個人轉型專家。完成論文後移居美國，為許多好萊塢巨星擔任專屬教練長達五年。根據自己在阿育吠陀、人類生物學、運動生理學、生物力學與解剖學領域所受的專業訓練來打造訓練課程，在身體鍛鍊方面，專業程度無人能出其右。

www.bealive.com

喬・迪斯本札（Joe Dispenza）
脊骨神經醫師、研究員、《紐約時報》暢銷作家

喬・迪斯本札初試啼聲是在獲獎的獨立影片《當心靈遇上科學》
（*What the BLEEP Do We Know!?*）以科學家身分現身解說，自此開
始嶄露頭角。這部紀錄片於二〇〇四年上映後，他曾受邀在六大洲
超過二十七個國家發表演說。除了提供各種線上與遠距課程外，也
親自在美國與海外教授為期三天的漸進式研習營及五天的進階研習
營。目前，迪斯本札在檀香山整合醫學國際量子大學（International
Quantum University for Integrative Medicine）、紐約歐米茄整體醫療
研究中心（Omega Institute for Holistic Studies），以及麻州的克里帕
魯瑜伽與養生中心（Kripalu Center for Yoga and Health）擔任教職。
代表作品：《開啟你的驚人天賦》（*Becoming Supernatural*）。

www.drjoedispenza.com

馬克·艾默生（Mark D. Emerson）

脊骨神經醫師、作家、演說家、生活形態醫學專家

馬克·艾默生的專精領域，是以營養學為基礎的生活形態醫學及針對各種年齡層患者的天然療法。艾默生醫師一直是國家美式足球聯盟、職業高爾夫球協會巡迴賽、美國田徑協會及美國大學運動聯盟（NCAA）的健康顧問，也為娛樂界名人和《財星》五百大企業的執行長提供私人治療師服務。身為醫師進修教育的提供者，艾默生醫師為成千上萬名醫生及其他相關醫療照護者教授實證臨床營養療程及血檢解讀課程，以幫助預防及逆轉慢性病，例如心血管疾病、糖尿病、炎症與代謝失調。

www.docemerson.com

大衛‧漢密爾頓（David R. Hamilton）

有機化學家、作家

大衛‧漢密爾頓擁有有機化學博士學位，曾在製藥業工作四年，負責開發心血管疾病與癌症治療藥物。他受到安慰劑效應的啟發後離開製藥業，開始寫作並教育人們如何運用自己的想法與情緒來改善健康。目前有九本著作，包括暢銷書《預見療癒》（*How Your Mind Can Heal Your Body*）、《愛自己的科學》（*I Heart Me*）以及《善良的五種副作用》（*The Five Side Effects of Kindness*）。他在自己的網站上定期撰寫部落格，有時也會在美國版《赫芬頓郵報》與心理學生命實驗室（Psychologies Life Labs）平台發表文章。二〇一六年，被《*Kindred Spirit*》雜誌讀者評選為最佳作家。

www.drdavidhamilton.com

布魯斯・立普頓（Bruce Lipton）

幹細胞生物學家、作家

布魯斯・立普頓博士是國際公認的科學與心靈領域的代表人物之一。身為幹細胞生物學家、《信念的力量》（*The Biology of Belief*）暢銷作家以及二〇〇九年五井和平獎（Goi Peace Award）得主，他曾在數百個電視及廣播節目中擔任主講嘉賓，並在國內外的會議擔任主旨發言人。一九八七至一九九二年間，他在史丹佛醫學院所做的研究顯示，環境因子可以穿過細胞膜控制細胞的行為與生理，進而打開或關閉基因。他的發現顛覆了以往認為生命受基因掌控的科學觀點，也預示著表觀遺傳學將成為當今最重要的研究領域之一。

www.brucelipton.com

艾妮塔 · 穆札尼（Anita Moorjani）
演說家、《紐約時報》暢銷作家

艾妮塔·穆札尼出生於新加坡，兩歲時舉家移居香港後，在此度過了大半輩子。她會說多種語言，身為印裔的她從小就會說英語、廣東話及印度方言，後來又在學校學會法語。艾妮塔曾在企業界工作多年，二○○二年四月確診癌症。由於有過神奇的瀕死經歷，時常受邀至全球會議及活動上演講。她經常在香港大學行為科學系演講，主題包括如何應對絕症、面對死亡以及精神信仰的心理學。代表作品：《死過一次才學會愛》（*Dying To Be Me*）。

www.anitamoorjani.com

帕蒂‧潘恩（Patti Penn）

「在喜樂中安頓」的創辦人、靈氣導師、情緒釋放技巧治療師

帕蒂‧潘恩是洛杉磯靈性意識社群「在喜樂中安頓」（Pause in Joy）創辦人，學員來自世界各地。十多年來，帕蒂透過「在喜樂中安頓」的理念匯編出四本練習手冊，為學員提供工具、積極的目標校正手段，以及重新相信直覺的方法。她運用情緒釋放技巧（EFT）提供無限的可能性，打破以往左右選擇的陳舊信念。她的客戶包括創傷後壓力症候群的退伍軍人、正在接受或尚未接受化療的癌症患者，以及需要處理焦慮、壓力、創傷、憤怒與恐懼等問題的人。

www.pauseinjoy.com

黛安 · 波奇亞（Dianne Porchia）
身心健康教練、身心醫學治療師

黛安·波奇亞獨特的整體療法能快速釋放過往的情感傷痛、創傷及
消極的信念，同時有效地將心中的破壞性雜音轉化為支持個人目標
的內在盟友。波奇亞的客戶包括許多癌末患者，以及面臨失婚、工
作倦怠、親人離世、失業及重病等巨大壓力的人。波奇亞的治療手
法，包括以心為本的溝通技巧、身體對話、內在小孩療癒、神聖怒
火（sacred anger）療法、自我寬恕慈悲療法、神經語言程式學
（NLP）、冥想、正念、觀想、橫膈膜呼吸法及氣功，她也提供視
訊諮詢、整體健康療養及私人靜修等服務。

www.porchiaswish.com

伯尼 · 西格爾（Bernie Siegel）

醫學博士、作家、演說家

比起西格爾醫師，伯尼·西格爾更喜歡別人親切地直呼他的名字「伯尼」。他出生於紐約布魯克林，就讀於柯蓋德大學（Colgate University）及康乃爾大學醫學院，也是美國悠久的老學術協會 Phi Beta Kappa 及 Alpha Omega Alpha 的會員，並先後於耶魯大學紐黑文醫院（Yale New Haven Hospital）、西黑文退伍軍人醫院（West Haven Veterans Hospital）與匹茲堡兒童醫院（Children's Hospital of Pittsburgh）接受外科手術訓練。一九八九年以耶魯大學（一般外科與小兒外科）臨床助理教授身分退休後，開始為患者及醫護人員演說。身為醫師，他照顧及開導過無數的垂危患者，他所信奉的生死哲學，正好填補了當今人類在面對醫學倫理及靈性問題時的缺口。

www.berniesiegelmd.com

傑佛瑞·湯普遜（Jeffrey Thompson）
藝術創作學士、脊骨神經醫師、神經聲學大師

湯普遜是全球公認的聲學專家，將聲音的節奏頻率與音軌結合。身為一名技藝精湛的音樂家及作曲家，他創立了一種方法，可以透過調節聲音脈衝來改變意識狀態，達到最佳的身心療癒效果。一九九〇年代，湯普遜醫師的聲療法獲選為美國最熱門的替代療法之一，他的研究也受到輔助及替代療法研究中心（CSCAT）的贊助。湯普遜醫師目前任教於各大機構，也透過研討會、工作坊及認證課程進行教學。

www.scientificsounds.com

凱莉·透納（Kelly Turner）
研究員、講師、《紐約時報》暢銷作家

凱莉·透納擁有哈佛大學的學士學位以及加州大學柏克萊分校博士學位，過去十年，她在十個不同國家進行研究，分析了一千五百多個完全緩解的案例。凱莉將自己的暢銷著作改編為長篇電影劇本，名為《開放式旅程》（*Open-Ended Ticket*）。她目前正參與製作一部包含九個篇章的紀錄片，內容涵蓋她所研究的九大關鍵療癒要素，本書提及的多名完全緩解的癌症倖存者將會在影片中現身說法。代表作品：《癌症完全緩解的九種力量》（*Radical Remission: Surviving Cancer Against All Odds*），《紐約時報》暢銷書，已經以二十二種語言出版。

www.radicalremission.com

戴倫‧魏斯曼（Darren Weissman）

脊骨神經醫師、作家、生命線中心創辦人、生命線療法發明人

戴倫‧魏斯曼是脊骨神經治療師、國際演說家及暢銷書作家，被聯合乳癌基金會及婦女健康聯盟（United Women's Health Alliance）奉為思想及意見領袖。他曾在賀屋電台（Hay House Radio）開播著名的節目《問題的核心》（*The Heart of The Matter*），也在紀錄片《情緒能量》（*E-Motion*）、《造人》（*Making Mankind*）、《超越信念》（*Beyond Belief*）及《真相》（*The Truth*）中參與分享。魏斯曼於二○○二年開發生命線療法（LifeLine Technique®），並成立生命線中心（LifeLine Center），提供多樣化的個人照護服務及教育課程，透過個人的內心平靜來創造世界和平的集體願景。此外，他也為雜誌及部落格撰文，並通過線上學習及現場課程開設國際工作坊及講座來教授生命線療法。

www.thelifelinecenter.com

羅伯・威爾根（Rob Wergin）
神靈傳導師

羅伯・威爾根堪稱是個千里眼、順風耳及窺心者，年輕時就能夠治療動物並且與神靈交流。沒有人能理解他的天賦，而他也學會了不去理會別人的眼光。他在美國公司出任執行長三十多年，一直順風順水，直到某天，被來自「宇宙的當頭棒喝」擊中，在人生低谷的絕望時刻，他問自己到底是為了什麼而活……然後，他聽到了耳邊傳來的答案。從此以後，羅伯便獻身成為承載神聖之光與愛的容器。他已經幫助了成千上萬來自不同年齡及宗教信仰的人。

www.robwergin.com

瑪莉安・威廉森（Marianne Williamson）
心靈導師、《紐約時報》暢銷作家

瑪莉安・威廉森是享譽國際的心靈導師、講師、活動家，以及四本《紐約時報》暢銷冠軍著作的作者，三十多年來，她的每一次發聲都為人所熟知。在她的暢銷著作《愛的奇蹟課程》（*A Return to Love*）中，有句話是這麼說的：「我們最深的恐懼不是我們不夠好，而是我們擁有超乎想像的能力……」被視為當代心靈探求者的座右銘。一九八九年，她在洛杉磯發起「天使送餐計畫」，為愛滋病患者提供免費的送餐服務。迄今為止，該計畫已經提供超過一千一百萬份的餐點。瑪莉安同時也是和平聯盟（Peace Alliance）的共同創辦人。

www.marianne.com

安東尼·威廉（Anthony William）

醫療靈媒、《紐約時報》暢銷書作家

安東尼·威廉天生就擁有一種獨特的能力，可以經常跟高靈對話，精確地預知健康訊息。他四歲時，有一天突然在餐桌上對一旁毫無症狀的祖母說她罹患肺癌，讓家人大吃一驚，而後來的檢驗報告也證實了他的說法。二十五年來，安東尼一直站在第一線，不僅幫人們戰勝及預防疾病，也幫他們找出這一生應該怎麼過。目前已出版《醫療靈媒》（*Medical Medium*）系列著作。

www.medicalmedium.com

國家圖書館出版品預行編目資料

超癒力：世界頂尖身心靈研究大師們證實你擁有無限自癒潛
能 / 凱莉‧諾南‧戈爾作；鄧捷文譯 . -- 初版 . -- 臺北市：三
采文化，2020.05　面；　公分 . -- (Spirit；23)　譯自：Heal

ISBN978-957-658-352-0（平裝）

1. 心理治療

178.8　　　　　　　　　　　　　　109004774

suncolor
三采文化集團

Spirit　23

超癒力

世界頂尖身心靈研究大師們證實你擁有無限自癒潛能

作者｜凱莉‧諾南‧戈爾 Kelly Noonan Gores　　譯者｜鄧捷文
企劃主編｜張芳瑜　　特約執行主編｜莊雪珠
美術主編｜藍秀婷　　封面設計｜藍秀婷　　內頁排版｜曾綺惠　　校對｜黃薇霓

發行人｜張輝明　　總編輯｜曾雅青　　發行所｜三采文化股份有限公司
地址｜台北市內湖區瑞光路 513 巷 33 號 8 樓
傳訊｜ TEL:8797-1234　FAX:8797-1688　　網址｜ www.suncolor.com.tw
郵政劃撥｜帳號：14319060　戶名：三采文化股份有限公司
本版發行｜ 2020 年 5 月 29 日　　定價｜ NT$450

HEAL: Discover Your Unlimited Potential and Awaken the Powerful Healer Within by Kelly Noonan Gores
Copyright © 2019 by Kelly Noonan Gores
Cover © Concept Arts
Complex Chinese translation copyright © 2020 by SUN COLOR CULTURE CO., LTD.
Published by arrangement with Atria Books/Beyond Words, a Division of Simon & Schuster, Inc.
through Bardon-Chinese Media Agency
博達著作權代理有限公司
ALL RIGHTS RESERVED

著作權所有，本圖文非經同意不得轉載。如發現書頁有裝訂錯誤或污損事情，請寄至本公司調換。 All rights reserved.
本書所刊載之商品文字或圖片僅為說明輔助之用，非做為商標之使用，原商品商標之智慧財產權為原權利人所有。

suncolor

suncolor